第2集
事例から学ぶ 交通事故事件

山崎俊一　著

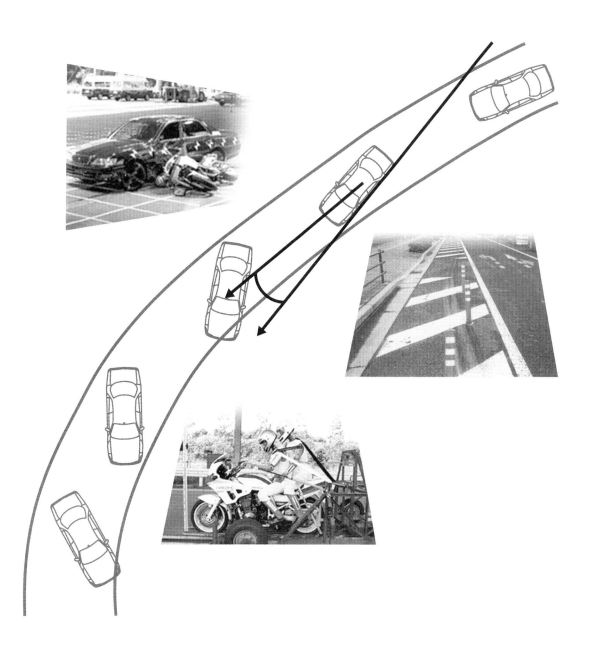

東京法令出版

目　次

第1章　歩行者対四輪車の事故

第2章　自転車対四輪車の事故

第3章　二輪車の事故

第4章　二輪車対四輪車の事故

第5章　四輪車の事故

四輪車単独

四輪車同士

第6章 ひき逃げ事故

第7章 タイヤバースト事故

第8章 その他の事故

第1章

歩行者対四輪車の事故

事例 1-1 子供の轢過事故
—子供は生垣から道路に飛び出したか否か—

　本事例は，小学校1年生の子供が学校帰りに道路を横断中に右折してきた車両に衝突され，轢過された事件である。本事例の争点は，子供が道路横の生垣から飛び出したか否かであった。

事故の概要

　本事件は，被告人運転車両が交差点で右折する際，小学校から帰宅途中の被害者を右前後輪で轢過したものである。被告人は，対向車にのみ気を取られ，対向車が来ていないことのみ確認し，わき見をしながら右折したため，横断中の被害者を轢過したものである。被告人は，轢過を目撃した学生によって停車され，轢過に気付いたというものであった。

1　警察の対応

　警察は，目撃者がいたこと，被告人がわき見をしていたことなどを供述していたことから，被告人車両の車底部及び被害者のランドセル，衣服などの痕跡を詳細に見分したが，被害者の体に印象されたタイヤ痕について，詳細な見分は行っていなかった。さらに，右折時の事故であることから，低速であり，被害者が被告人車両と衝突した痕跡が認められなかった。

2　検察の対応

　被告人の弁護人から，被害者が生垣の陰から飛び出した可能性があると問題が提起されたことから，筆者に鑑定を依頼した。
　鑑定項目は，以下のものであった。
⑴　被告人運転車両と被害者が衝突したかどうか
⑵　衝突したのであればその際被害者は佇立していたか歩行中であったのかどうかなど，どのような体勢であったか
⑶　前記車両のどこに被害者のどこが衝突したのか
⑷　衝突地点の特定

3　鑑定経過

⑴　被告人運転車両と被害者が衝突したかどうか
　被告人車両の右前面及び右側面を撮影したものを詳細に調査したが，被告人車両の前面と

被害者が衝突したと認められる損傷は，認められなかった。

　被害者は，学校から自宅への帰宅途中で事故に遭遇したものであり，事故に遭遇した路上に寝ていたところを轢過されたとは考えられないから，被害者は，歩行中あるいは佇立した状態で被告人車両と衝突したと考えられた。

　図1は，被害者が倒れて血液が路面に残された地点を示している。

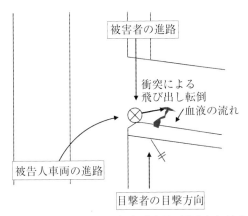

図1　被害者が倒れて血液が路面に残された地点

　目撃者は，電柱より左付近で子供が轢過されたところを目撃していた。電柱より右からでは，生垣が設置されていて轢過される被害者を見ることはできない。したがって，被害者は，図1に示すように，衝突して転倒し，轢過されたと認められた。

　目撃者が見た現場の状況を図2に示す。この図に示されるように，被害者は被告人車両の進行方向に頭部を向け，被告人車両の右前輪が被害者の右足から左顔面方向に轢過したものと認められた。被害者が，この図のような格好で仰向けに横たわっていたとは考えられないから，被害者は横断中に被告人車両の右前部と衝突して，倒れたところを轢過されたと考えることが妥当である。被告人車両の右折中の速度は，交差点の状況から，被告人の供述のように，10km/h（2.78m/s）程度の速度であったと認められる。

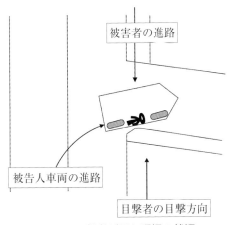

図2　目撃者が見た現場の状況

子供ダミーの衝突実験によれば，速度 V と飛翔距離 X の関係は，次式で表される。

$$X = \frac{V^2}{7.5} \ (\text{m})$$

子供は小さいため，ボンネットに乗り上げないが，飛翔距離は大人より長い。被告人車両の速度は，10km/h（2.78m/s）であるから，飛翔距離は，おおよそ1mとなる。これは，子供の重心位置である臍の位置で考えた飛翔距離である。

被害者が歩いて横断すると考えられる経路，被告人車両が通過すると考えられる経路，転倒位置，轢過位置，轢過の状況から，被害者は佇立あるいは歩行中に被告人車両の右前部と衝突し，右前輪及び右後輪に轢過されたと認められた。

⑵　衝突したのであればその際被害者は佇立していたか歩行中であったのかどうかなど，どのような体勢であったか

被害者が被告人車両に轢過されたことは，目撃者及びこれから述べる被害者の身体に印象されたタイヤ痕から明らかであり，轢過した被告人車両の車輪は，右前輪及び右後輪であることも明らかである。

被害者の顔面に印象されたタイヤ痕を図3に示す。被害者の左顔面に被告人車両の右前輪タイヤのトレッドパターンと酷似した模様が認められる。さらに，首の下の胸にも轢過された際の痕跡が認められる。

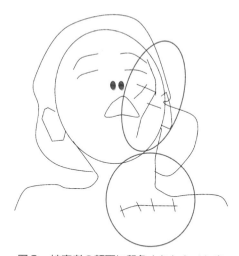
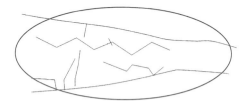

図3　被害者の顔面に印象されたタイヤ痕　　図4　被害者の右足太ももに印象されたタイヤ痕

図4に，被害者の右足に印象されたタイヤ痕を示す。

写真1及び写真2に，被告人車両の右前輪及び右後輪タイヤのトレッドパターンを示す。

写真1　右前輪タイヤのトレッドパターン　　　　写真2　右後輪タイヤのトレッドパターン

　被害者の左足及び左手にもタイヤ痕跡が認められた。**写真1**及び**写真2**から，右前輪タイヤの模様と右後輪タイヤの模様は異なっている。右前輪タイヤ及び右後輪タイヤには，ジグザグ模様があるが，ジグザグ模様の中央にカタカナのメの字のような模様が右後輪にはあって，右前輪にはない。被害者の顔及び右足に印象されたタイヤ痕は，メの字のような模様がないから，被告人車両の右前輪タイヤによって轢過されたと認められ，左足及び左手に印象されたタイヤ痕は，被告人車両の右後輪で轢過されたと認められた。

　ここで，捜査の重要なポイントは，タイヤトレッドパターンの写真及び被害者に印象されたタイヤ痕の写真を撮影する場合は，必ずメジャーを入れて撮影することである。

　図5は，推定される被害者の轢過状況を示したものである。被告人車両は，右折中であるから，被害者が仰向けで倒れたところ，右前輪が右足から顔を轢過し，旋回中の内輪差から，右後輪が被害者の左足及び左手を轢過したと認められた。

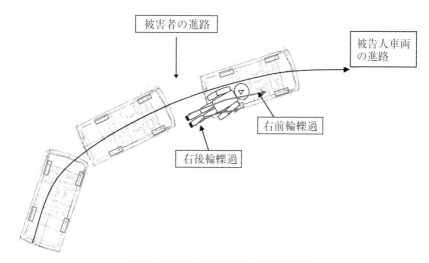

図5　推定される被害者の轢過状況

　被害者は，学校から帰宅するため歩道を歩行し，事故地点の交差点を横断していたか，あるいは危険を感じて立ち止まったところ，右折する被告人車両の右前面と衝突し，仰向けに転倒して右前輪及び右後輪で轢過されたと推定された。

　被害者が，逆方向，つまり自宅方向から学校方向に歩行していたとすれば，背中が衝突するので，うつ伏せとなって轢過されることになる。

　よって，被害者は，学校から自宅の方向に向かって歩行中あるいは危険を感じて立ち止まったところ，被告人車両の右前部と衝突して仰向けに転倒し，被告人車両の右前後輪によって轢過されたと認められた。

⑶　前記車両のどこに被害者のどこが衝突したのか

　図3に示されたように，被害者は，仰向けに倒れたところを，被告人車両の右前後輪で轢過されていることから，被告人車両の右前部と被害者のほぼ正面が衝突したと考えることが妥当である。速度が低いこと及び子供は体重が少なくやわらかいことから，被告人車両の前面には，衝突による凹損などの痕跡がなかったものと推定された。

⑷　衝突地点の特定

　図6に推定される衝突地点を示す。

　被害者が轢過された場所は，目撃者の位置から見える場所でなければならない。また，被告人車両の速度が約10km/h（2.78m/s）であるから，被害者が倒れて飛翔する距離は，約1mである。また，被害者が轢過されたとき，被告人車両の車底部に長く引きずられた痕跡はなかったから，血液が流れ出した地点が，被害者の頭部が停止していた地点と認められた。

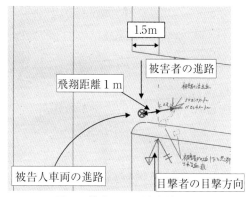

図6　推定される衝突地点⊗

　轢過された状況が仰向けであることから，倒れたのも仰向けであると容易に考えることができる。被害者は，被告人車両と対面した状態で衝突して仰向けに倒れたと認められる。このことは，被害者が，学校からまっすぐ家の方向に道路を横断していたことを示すもので，しかも，衝突地点は横断終了付近であることから，背中から衝突されたとは考えられないため，生垣から道路に飛び出したとは考えられなかった。

4　裁判所の判断

　被告人は，当初からわき見をしていたことを認め，子供との衝突に気付かなかったことを認めていた。弁護人は，子供の飛び出しや轢過状況などに異議を唱えたが，裁判所の判断は，被告人を有罪とした。

5　まとめ

　本事例裁判の争いでは，被告人は，賠償などを行う意思を明確にしていたが，弁護人が強く異議を唱えたと考えられた。被害者遺族の心情はつらいものであったと推察される。

　繰り返しとなるが，本事例のような轢過事件においては，被害者の体や衣服などにタイヤ痕などが印象される場合が多々あり，タイヤトレッドパターンや印象されたタイヤ痕の撮影には，メジャーを入れて写真を撮っていただきたいものである。さらに，車底部などの生地痕等についても，メジャーを入れて撮影することが重要である。

8

事例 1-2　低速度で衝突した歩行者事故の解析

　30km/h以下の速度で歩行者と衝突した事故では，外見上車両に凹損などが認められない場合がある。被疑者である車両運転者は，当初，衝突を認めても，後日，衝突はなかったと供述を変えることがある。このような場合，衝突の有無，衝突があった場合の衝突地点，衝突速度の鑑定が必要になる。

　本事例では，被害者の転倒地点及び被疑車両の停止地点を特定することで，衝突の有無などを明らかにした事案について述べる。

事故の概要

　被疑者は，信号の設置された交差点において赤信号で停止し，青信号になってから右折進行し，被害者である歩行者と衝突したものである。

　図1は，事故当初における被疑者が指示説明した交通事故現場見取図である。

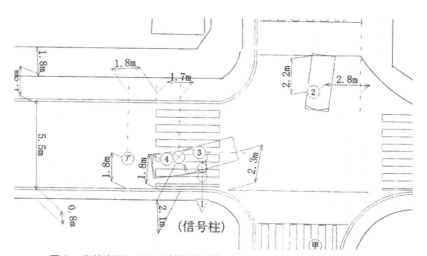

図1　事故当初における被疑者が指示説明した交通事故現場見取図

　被疑者は，交差点を②から③に進行したところ，③で被害者と衝突した。その後，④地点に停止したと指示説明した。

　被疑者は，②で右方の先の方を見ながら右折を開始し，衝突地点は⊗，被疑車両が停止した地点は④，被害者が転倒した地点は㋣であると指示説明している。事故当日の実況見分調書によれば，被疑者は，横断歩道上で衝突したと指示説明していた。

　被害者は，1か月入院後死亡したが，死因と事故の因果関係は不明であった。

写真1は，被疑車両が右折する交差点の状況を示している。

写真1　被疑車両が右折する交差点の状況

写真2は，被疑車両が右折する直前の交差点の見通し状況を示す。交差点には信号機及び横断歩道が設置され，直進，左折及び右折する際に，見通し状況は良いと認められる。

写真3は，被疑車両が右折する際の右側進路の見通し状況を示す。

写真2　被疑車両が右折する直前の交差点の見　　写真3　被疑車両が右折する際の右側進路の見
　　　　通し状況　　　　　　　　　　　　　　　　　　　　通し状況

写真4は，被疑車両の前面の状況を示す。被疑車両の前面に衝突した痕跡は，外見上は認められない。

写真4　被疑車両の前面の状況

被疑者の車両に凹損が認められなかったことで，数日後，被疑者は被害者とは衝突していないと証言を翻した。

1 警察の対応

　警察は，被疑者が供述を翻したため，事故から約1か月後に再び被疑者立会いの実況見分を行うこととなった。**図2**は，再見分の実況見分調書を示す。被疑者の供述は，**図1**の事故当初のものと大きく説明が変わっている。

　被疑者は，進路の先の方を見ながら右折を開始した地点は②，横断中の相手を発見したのは③地点，その時の相手は⑦，急ブレーキをかけた地点は③，停止した地点は④，相手が転倒した地点は①と指示説明を変転させた。

　被疑者は，右折中に被害者が驚愕し，被害者が転倒したと指示説明したものである。

図2　約1か月後の被疑者の指示説明図

　現場で「ドン」という音を聞いて，駆け付けた人がおり，事故直後の被疑車両と被害者の停止状況を**図3**に示すように，説明している。

　被疑車両が停止していたのは④，被害者が倒れていたのは⑦と指示説明した。

　被疑車両の停止位置及び被害者の転倒位置など，被疑者の事故当日の指示説明と極めてよく一致していることが分かる。

　被害者の病名は，右前頭側頭に脳挫傷・外傷性脳内血腫・急性硬膜下血腫，脳てんかんと診断されている。

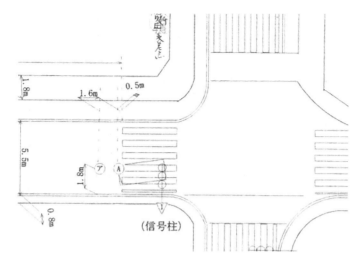

図3 「ドン」という音を聞いた人が説明した被疑車両と被害者の停止状況

2 検察の対応

　検察は，車両の凹損がないことや被疑者の供述が変遷したことなどで，このままでは起訴することは難しいと判断し，筆者に鑑定を依頼した。

　鑑定事項は，

　　本事例の客観証拠から，被害者と被疑車両との衝突の有無

であった。

3 鑑定の経過

　筆者は，少ない資料であったが，実況見分調書などから衝突の有無を検討し，解析的に被疑車両の衝突速度及び衝突地点を解明した。

衝突地点と衝突速度の特定

　被疑者は，当日の現場での指示説明及び後日の供述においても急制動して停止したと述べていた。

　車両が歩行者をはねて，急制動して停止した場合，歩行者を前方に飛翔させる。急制動しているため，歩行者を轢過することなく，倒れた歩行者の手前に停止できる。転倒した歩行者と停止した自動車の前端の距離が長いほど，衝突速度が速いことになる。

　図4における距離Sは，被疑車両の停止位置の前端と被害者の停止位置（臍の位置：人の重さの中心）の距離である。制動中に衝突あるいは，衝突後に制動すると，人は飛翔し，停止した時の両者は，距離Sだけ離れるものである。

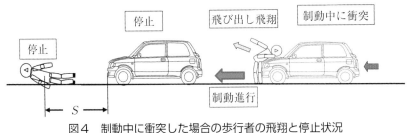

図4　制動中に衝突した場合の歩行者の飛翔と停止状況

　人と自動車が衝突してそのまま，自動車が進行すると，人をボンネットに乗せたまま移動する。長く進行すると，いずれ，ボンネットから人がずり落ちて，自動車は，人を轢過する。

　人と自動車が衝突しても，運転手が人と衝突したことに気付いて制動する場合，制動力が効いてから人だけ自動車から離れて飛翔停止する。自動車は，人が停止した手前に停止する。この場合は，人を轢過することはない。

　本事例は，被疑者が急制動して停止したと一貫して供述していることから，急制動したことは採用できる。また，被疑者の当日の供述による図1と音を聞いて駆け付けた人の指示説明図（図3）とは，ほぼ同一と考えられるから，図1を採用した。

　図5に示すように，事故現場の被疑車両停止位置の前端から被害者停止位置までの距離 S は，1.3mと計測された。

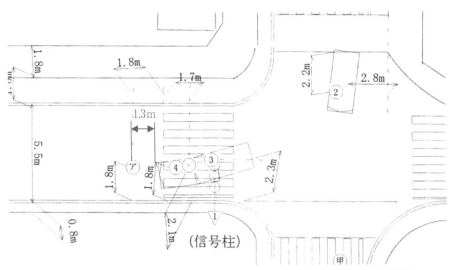

図5　被疑者が事故当日指示説明した実況見分調書の交通事故現場見取図

　被害者は，右上腕部に擦過傷が認められたことから，左斜め後方から車にはねられ，右肘から落下し，右前頭側頭を道路に打ち付けられたと考えられた。

　目撃者の供述で，「ドン」という大きな音がしたこと，被害者のけがの状況から，被害者は被疑車両と衝突して，跳ね飛ばされて転倒したものと認められた。そこで，衝突地点及び衝突速度を解析する。

　被疑車両の前面のボンネットに凹損がなく，被害者が被疑車両の前方に跳ね飛ばされているから，被疑車両は制動力が作用した状態で衝突して跳ね飛ばしたと認められる。

　衝突地点を⊗地点とし，被疑車両の衝突速度をV_Xとおく。衝突地点から，停止までの距離をDとし，被害者の衝突地点から転倒地点までの飛翔距離をXとする。停止した被疑車両の前端から転倒した被害者の距離をSとする。

　図6に位置関係を示す。

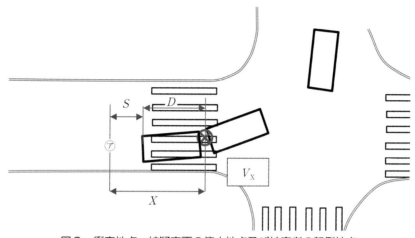

図6　衝突地点，被疑車両の停止地点及び被害者の転倒地点

・飛翔距離Xと衝突速度V_Xは，実験によって近似的に次式で表されている。

$$V_X = \sqrt{10X} \quad \text{……………………………………………………式(1)}$$

あるいは，

$$X = \frac{V_X^2}{10} \quad \text{………………………………………………………式(2)}$$

・被疑車両が衝突地点から停止するまでの距離Dは，次式で表される。

$$D = \frac{V_X^2}{2\mu g} \quad \text{……………………………………………………式(3)}$$

　ただし，μはタイヤと路面間の摩擦係数で，乾燥路面であるから0.7とおける。gは重力加速度（9.8m/s²）である。

・停止した被疑車両の前端から転倒した被害者の距離Sは，次式となる。

$$S = X - D \quad \text{………………………………………………………………式(4)}$$

よって，

$$D = X - S \quad \text{………………………………………………………………式(5)}$$

である。

式(3)に式(5)を代入すると，次式を得る。

$$D = X - S = \frac{V_X^2}{2\mu g} \quad \text{…………………………………………式(6)}$$

14

式(6)に式(2)を代入すると，次式を得る。

$$\frac{V_X^2}{10} - S = \frac{V_X^2}{2\mu g} \quad\cdots\cdots\cdots\cdots\cdots\cdots\cdots\cdots\cdots\cdots\cdots\cdots\cdots\cdots\cdots\cdots\cdots\cdots\cdots\cdots\text{式(7)}$$

式(7)からV_Xを求める。

$$(2\mu g - 10)V_X^2 = 20\mu g S$$

$$V_X^2 = \frac{20\mu g S}{2\mu g - 10} \quad\cdots\cdots\cdots\cdots\cdots\cdots\cdots\cdots\cdots\cdots\cdots\cdots\cdots\cdots\cdots\cdots\cdots\text{式(8)}$$

ここで，式(8)に$S = 1.3$m，$\mu = 0.7$，$g = 9.8$m/s²を代入すると，次式を得る。

$$V_X^2 = \frac{20\mu g S}{2\mu g - 10} = \frac{20 \times 0.7 \times 9.8 \times 1.3}{2 \times 0.7 \times 9.8 - 10} = 47.95$$

よって，被害者の飛翔距離Xは，

$$X = \frac{V_X^2}{10} = \frac{47.95}{10} = 4.8\text{m}$$

となる。

　衝突地点は，被害者の転倒地点から横断歩道の方に4.8m後方の地点であると求められる。

　衝突地点から停止までの距離Dは，式(3)から，

$$D = \frac{V_X^2}{2\mu g} = \frac{47.95}{2 \times 0.7 \times 9.8} = 3.5\text{m}$$

となる。

　以上の結果を図7に示す。式(8)から，被疑車両の停止した先端地点から被害者の転倒停止地点までの距離Sが大きくなると，衝突速度が大きくなることが分かる。また，衝突中，被疑車両のブレーキが急制動でない場合，制動距離が長くなることから，距離Sは短くなる。

　被疑者は速度15km/h（4.17m/s）で走行したと供述したが，その場合，停止距離は式(3)から1.27mであり，被害者の飛翔距離は，式(2)から1.74mとなる。被害者と被疑車両の停止時の両者の距離は，1.74－1.27＝0.47mでなければならない。実際は1.3mもあることを考えれば，15km/hで衝突したとは考えられなかった。

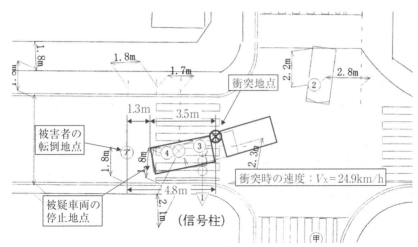

図7　停止状況から求められる衝突地点及び衝突速度

　被疑車両には，衝突した痕跡が外見上認められないが，低速であったこと，被害者の身長が低いことなどから外観上凹損が認められなかったと考えられる。

　被疑者は，横断歩道の左端を歩行中，左後方から右折する被疑車両に左斜め後ろから衝突され，跳ね飛ばされたものと認められた。

4　裁判所の判断

　裁判所は，車体に凹損などの衝突の痕跡は認められなくても衝突の事実を認めた。それは，解析の論理性と現場状況の整合性を採用したことによるものである。被害者の死因が，衝突によるものか否かが判断できないこともあって，罰金刑であった。

5　まとめ

　本事件の解明は，衝突の痕跡が認められず，被疑者が否認した場合，被疑者を罪に問うことは困難である。しかしながら，本解析で示したように，被疑車両の停止位置と被害者の転倒位置が明らかにされ，停止した車両前端から，転倒した被害者までの距離が分かれば，衝突の速度，衝突地点を明らかにできる。

　この判例によって，これまで起訴できなかった事案でも，この手法により事件を明らかにできるものと考える。

事 例 1-3 ■ 歩行者に後方から衝突し，轢過しようとした殺人未遂事件

　本事例は，事例1−2で示した解析が有効な事例について述べる。被告人が，殺害しようとして低速度で被害者2名に後方から自動車で衝突し，轢過した事案である。

● 事件の概要 ●

　事件は，午後9時30分頃マンションの金網フェンスが建つ南側道路上で起きたものである。

　被告人が，配偶者に対する暴力行為により離婚訴訟中に起こした殺人未遂事件で，自動車に乗車して被害者ら（男性及び女性）を待ち伏せして，被害者らが通り過ぎたところ，発進して後方から衝突したものである。被告人は，被害者らに後方から衝突し，被害者らがボンネットに乗り上げた後，急制動させて被害者らを車両前方に投げ出し，その後アクセルペダルを強く踏み，自車タイヤで轢過して殺害しようとしたものである。

1　警察の対応

　殺人未遂事件であったため，刑事部が事件を担当した。そのため，衝突状況，衝突地点，轢過状況，轢過地点などについての詳細な捜査が行われなかった。殺人未遂事件であるから，被告人車両と被害者らの衝突状況から「殺意」の認定ができるかが重大な焦点であった。そのため，警察は，筆者に殺意の有無について鑑定を依頼した。

2　鑑定事項

　警察から依頼された鑑定内容は，以下のものであった。

　本事例，路上において発生した殺人未遂事件につき，衝突時の状況，轢過状況及び被告人の「時速20キロメートルで走行した」という条件に鑑みて，

　(1)　本件犯行により，被害者を死に至らしめることは可能であるか

　(2)　当該運転行為による殺意の有無

　(3)　その他関連事項

の鑑定。

3　筆者の鑑定結果

(1)　現場及び車両の状況

　前述したように，捜査において，衝突地点，衝突状況，轢過地点，轢過状況などが明確にされていなかったので，実況見分調書の客観的な路面痕跡から，衝突地点，衝突状況，轢過

地点，轢過状況などを推定することとした。

【現場の状況】

　図1は，事故現場見取図を示す。この図には，西方から東方に向かって被告人車両が印象した路面のタイヤ痕から始まり，道路左のブロック破損痕，フェンスの損傷痕等が連続して記載されている。通常の交通事故現場見取図と異なっていることが分かる。

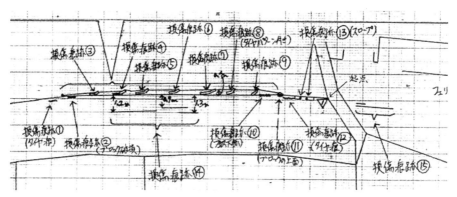

図1　事故現場見取図

　写真1は，被害者ら及び被告人車両の進路方向の見通し状況である。道路は比較的狭く，左側にブロックに支柱が支えられた金網のフェンスが設けられている。

写真1　被害者ら及び被告人車両の進路方向の見通し状況

　写真2は，道路左のブロックの損傷（図1の②）とブロック手前に印象された被告人車両左前輪のタイヤ痕（図1の①）である。

写真2　ブロックの損傷②と被告人車両左前輪のタイヤ痕①

写真3及び写真4は，ブロックの損傷②及び金網フェンスの支柱の損傷③の状況である。

写真3　ブロックの損傷②

写真4　金網フェンスの支柱の損傷③

写真5は，金網フェンスの支柱の損傷⑧である。支柱の上部の黒色ゴム様の痕跡は，バーストした被告人車両左前輪のタイヤ痕であり，下部に印象されたトレッド模様のタイヤ痕は，左後輪のものと認められた。

写真5　金網フェンスの支柱の損傷⑧

【車両の状況】

　これらの痕跡をもとに，車軸セットによって被告人車両の車両挙動を突き合せたのが**写真6及び写真7**である。被告人車両は，道路の左方向に向かい，金網フェンスのブロックに衝突する直前にブレーキ痕を印象させた後，ブロックと衝突し，ブロックを破損させ，そのまま左前後輪をブロックに乗り上げ，傾いた状態で金網フェンス支柱にタイヤ痕を印象させて進行したと認められた。

写真6　車軸セットによる車両挙動　　　写真7　車軸セットによる車両挙動

⑵　被告人車両の外観の損傷

　写真8は，被告人車両の前面の損傷状況を撮影したものである。被告人車両の前端ボンネット及び左バンパーには，凹損，擦過痕などが認められる。

写真8　被告人車両の前面の損傷状況

　被告人車両のボンネット中央部分と左部分の2か所に凹損が認められる。左バンパー下部には，擦過痕が多数認められる。

　写真9は，被告人車両左前輪の状況である。被告人車両の左前輪は，ホイールが歪みタイヤの空気が抜けた状態で，金網フェンス下部のブロックに衝突した時に損傷したものである。

写真9　被告人車両左前輪の状況

⑶　被告人車両が被害者らと衝突した状況

　被害者らは，道路左に停車していた被告人車両の横を抜け，被告人車両の前方を歩行していたところ，被告人車両が急発進して後方から被害者らをはねたと供述している。

　写真10及び写真11は，男性被害者及び女性被害者が，被告人車両のボンネット左側及び中央部に衝突した状況の突合せで，左側が男性被害者の腰部分と，中央部が女性被害者の腰部分と一致している。

写真10　男性被害者の突合せ

写真11　女性被害者の突合せ

　被告人車両のボンネットの凹損及び擦過状況（**写真12**）から，被害者らは，被告人車両にはねられた後，ボンネットに乗り上がったと認められた。

写真12　被害者の着衣の擦過痕

通常，人がはねられてボンネットに乗り上げた場合，以下のようになる。

・　車両が加速状態では，人は乗り上がってボンネット上にいたまま，長い距離運ばれる。

・　車両が等速で走行した場合，ボンネットが少し前方に低くなっているから，徐々にボンネット前方にずり落ち，最終的に車両の前方にずり落ち，車両が走行を継続すれば，轢過される。

・　車両がブレーキを踏んで急減速した場合は，ボンネット上の人は，一気にボンネットから車体の前方に投げ出される。ブレーキを継続した場合は，投げ出されて倒れた人よりも手前で止まるから，前方に投げ出された人を轢過することはない。

本事例は，被告人車両が被害者らをはね，被害者らがボンネットに乗った状態にあるとき，急制動してタイヤ痕①を印象させ，その後，ブレーキを解除して，強い加速状態で金網フェンス下部のブロックと衝突したものである。被告人は，制動を継続せず，踏み換えてアクセルペダルを極めて強く踏んだことが重要である。

ブレーキを継続すれば停止でき，被害者らを轢過することは起こらないのに対し，ブレーキペダルからアクセルペダルに踏み換えていることから，強い殺意を持って運転操作をしたと断定できる。

(4)　被害者らの落下地点と轢過地点

被告人がブレーキ痕を印象させて急制動したのは，ボンネットに乗った被害者らをボンネットから落下させるためである。その後，落下した被害者らを轢過するため，ブレーキを解除して加速してブロックに衝突したと認められる。

被告人車両の衝突速度を20km/h（5.56m/s）とすると，制動した時の速度V（m/s）と飛翔距離X（m）の関係は，次式で表される。

$$X = \frac{V^2}{10} = \frac{5.56^2}{10} = 3.09\text{m}$$ ···式(1)

この式から，被害者らは，約3.1m飛翔する。

　被害者らは，タイヤ痕（制動痕）①の印象開始地点のボンネット上から，約3.1m前方に飛翔したものと推定される。

　図2に示すように，被告人車両が印象したタイヤ痕①のボンネット上から約3.1mの地点は，損傷③地点付近である。タイヤ痕①が急制動した地点であり，タイヤ痕が印象された瞬間，被害者らはボンネット上から前方に約3.1m投げ出されたと考えられる。

　写真13は，推定される被害者らの飛翔転倒地点（轢過地点）を示す。被告人車両の左前後輪は，ブロックに乗り上げている状態で，被害者らは，幸運にも車底部に強く衝突されたり巻き込まれたりすることなく，危険な状態が回避され助かったものである。

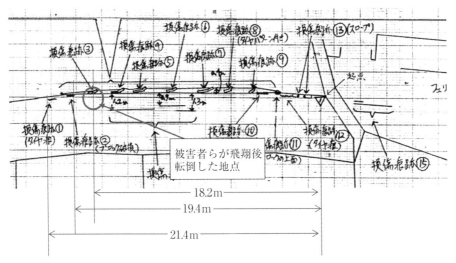

図2　現場状況図

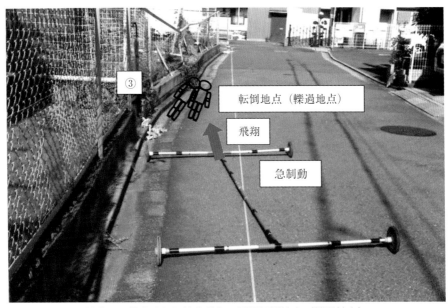

写真13　推定される被害者らの飛翔転倒地点（轢過地点）

⑸　被害者着衣の損傷と被告人車両の車底部の突合せ

　写真14は，男性被害者の着衣の損傷状況を示す。男性被害者のシャツには，多数の擦過痕が認められる。

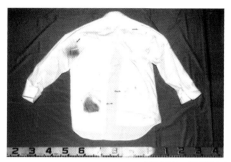

写真14　男性被害者の着衣の損傷状況

　写真15は，女性被害者のズボンの損傷状況を示す。女性被害者のズボンには多数の擦過痕等が認められる。

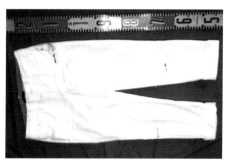

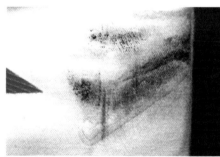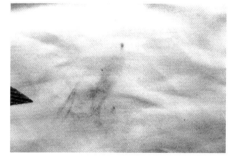

写真15　女性被害者のズボンの損傷状況

　これらの黒色の擦過痕は，車底部と強く接触したもので，被害者らは，被告人車両の車底部に入ったと認められた。

　被告人車両の車底部前部には，多数の擦過痕や損傷があり，フロントサスペンションメンバーには被害者着衣の繊維の付着が認められ，強く引きずられたと認められた。

⑹　被害者らの轢過状況

　写真16は，被害者らが被告人車両の車底部でどのような体勢でいたかの再現である。被告人車両は，急制動して強く加速した後，左前後輪がフェンスのブロックに乗り上げた。車底部に空間ができたため，強い衝撃を受けなかったものである。被害者らは，痕跡から被告人

車両の車底部にいるとき，うつ伏せ状態であったと認められた。

写真16　被害者らの車底部での体勢状況

　　被害者らは，歩行中に後方からはねられているから，ボンネット上で仰向け状態であったと認められる。被告人車両に低速度ではねられた後，被害者らの足は，バンパー方向に垂れ下がった状態となり，急制動がかかると，足が先に地面に落下し，足を支点にして上体が前方に投げ出される。ボンネット上で仰向け状態であったが，被告人車両の進路方向に頭を向けて，地面に対してうつ伏せ状態で倒れたと考えられる。

⑺　被害者を死に至らしめることは可能か

　　本事例の道路には，道路左にブロックがあり，頭部がブロックに衝突した場合は，生命に危険を及ぼす致命的な損傷が生じる可能性があり，やはり，被害者に致命的な傷害を与える可能性があった。

　　さらに，被告人は，急制動して被害者らをボンネットから落下させ，急制動して停止できるにもかかわらずブレーキを解除して被害者を轢過した。転倒して横たわる被害者らを轢過した場合，被害者らが死に至る可能性が極めて高い。

⑻　当該運転行為による殺意の有無

　　被告人は，被害者らが自車を通過した後，アクセルペダルを踏み加速して被害者と衝突し，強く制動して被害者らをボンネットから落下させ，すぐさまアクセルペダルに踏み換え強く加速して轢過しようとした。被告人がアクセルペダルとブレーキペダルを踏み換え，さらに強くアクセルペダルを踏んだ動作には，強い殺意があったと認められる。

　　さらに，タイヤがバーストするほどブロックに強く衝突し，ブロックに乗り上げた状態でフェンスの支柱をもなぎ倒して数十メートル進行した状況から，アクセルペダルをべた踏みして加速したと考えられるから，強い殺意があったと認められた。

4　検察の対応と被告人側の主張

　　検察は，警察の捜査と筆者の鑑定結果から，被告人を殺人未遂罪で起訴した。求刑は，6年であった。

　　裁判における被告人側の主張は，被告人が多重人格障害で，事件当時は，もう一つの人格

が起こしたものであると専門家の精神科教授の鑑定を提出して主張した。

5　裁判員裁判の判断

　裁判は，殺人未遂事件であるから裁判員裁判である。裁判における判断は，懲役 5 年であった。

6　まとめ

　本事例は，被害者らに事故の状況の記憶がなかったことから，衝突地点，転倒地点，轢過地点，轢過時の状況などを特定することができなかったものである。低速度衝突における歩行者の移動挙動や飛翔距離などが明らかにできたことで，事件の全容が裁判員に理解された。
　被害者をどのように守るかが，今後の課題である。

第2章

自転車対四輪車の事故

1審判決は有罪，2審では，一転，無罪となった交通事故事件
―自転車の飛び出しに対して衝突が避けられたか否か―

交通事故事件では，裁判の状況によって，被害者と加害者に真逆の判決が出されることがある。右折の車両と直進の車両の衝突事故では，直進する車両が法定指定速度を相当の速度で走行していたか否かで，右折する車両の過失の有無が逆転する。また，道路上に横たわる人に対して，走行する車両が轢過を避けられたか否かなどによっても有罪か無罪かの極端に異なる判決となる。このように，一種の飛び出し事故のような場合は，警察の十分な捜査，検察の警察の捜査に対する精査が判決を左右するといっても過言ではない。

本事例は，1審で有罪とされた被告人が控訴し，高等裁判所が筆者に鑑定を依頼した事件で，案件は，自転車の飛び出しに対して，直進する二輪車が衝突を避けられたか否かであった。

事故の概要

本事例は，被告人が，A方面からB方面に向かって45km/hで直進走行していたとき，右方道路から一時停止を怠って道路を横断してきた被害者運転の自転車を認め制動措置を講じたが，被害者自転車と衝突し，傷害を与えたとされる交通事故である。罪名は，被告人に対する自動車運転過失傷害である。

本事例の道路は，アスファルト舗装の最高速度50km/hと定められた直線道路である。事故当事，路面は小雨で湿潤状態であった。

図1は，交通事故現場見取図を示す。

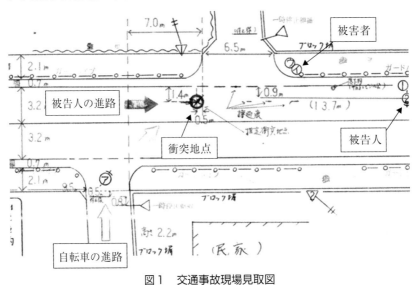

図1 交通事故現場見取図

1　警察の捜査

　被告人車両の停止位置は，警察が現場臨場時に特定されたものである。**写真1**は，被告人車両の擦過痕の印象状況及び被害者自転車の状況を撮影したものである。

写真1　被告人車両の擦過痕の印象状況及び被害者自転車の状況

　写真2は，被告人車両の停止状況である。被告人車両は，左倒れで路面に擦過し停止している。被告人車両は，衝突を避けるため，ハンドルを右に切って車体左側を下にして転倒したものであり，被告人供述と一致しているものであった。

写真2　被告人車両の停止状況

　写真3は，被害者自転車の損傷を示す。被害者の自転車の後部荷台の支柱がペダル方向にゆがんでいることが分かる。このことから，自転車は左斜め後方から衝突されたと認められる。

写真3　被害者自転車の損傷

　写真4は，被告人車両と自転車を撮影したものであるが，図1の衝突角度と異なることから，角度を無視して単に衝突部分を突き合わせた状況を撮影したものと推定される。

写真4　衝突部分の突合せ

　警察は，目撃者の証言も得ていた。目撃者は，「自転車の方は私の方から見て，ブロック塀の切れ目から突然出てきましたので，一時停止をして発進したというような状況ではなかったと思います。……自転車の速度ですが，ゆっくりとした速度ではなかったと思います。たぶん，普通くらいの速度だと思います」と述べている。一般に自転車の速度は，ゆっくりした速度で13km/hとされ，通常の速度では，17km/hとされている。この供述からすると，自転車は，市道から国道に普通くらいの速度で飛び出したことが認められる。

2　地検の対応

　起訴状によれば，「被告人は，普通自動二輪車を運転し，45km/hで直進走行するに当たり，左右道路の交通の安全を確認して進行するべき自動車運転上の注意義務があるのにこれを怠り，見通しの悪い左方道路の確認に気を取られ，右方道路からの進行してくる車両の有無及びその安全確認不十分のまま漫然前記速度で進行した過失により，折から右方道路から進行してきた被害者運転の自転車を右前方約10.2mの地点に初めて認め，急制動の措置を講

じたが間に合わず，同自転車左後部に自車前部を衝突させて，同自転車もろとも同人を路上に転倒させ，よって，同人に全治不明の脳挫傷，急性硬膜外血腫等の負傷を負わせたもので，罪となる罰条は，自動車運転過失傷害」としている。

　被告人車両の走行速度を45km/hと認めた上で，被告人車両は衝突を避けることができるとしている。

　被告人車両の走行速度は，被告人の供述に基づいており，確認はできていない。また，検察は，被害者の衝突地点から転倒停止までの距離から，飛翔距離 $X = 8$ m として，次式から被告人車両の衝突速度 V を8.94m/s（32.2km/h）としている。計算式は，以下のとおりである。

$$V = \sqrt{10X} = \sqrt{10 \times 8} = 8.94 \text{m/s} \cdots\cdots\cdots\cdots\cdots\cdots\cdots\text{式(1)}$$

　ただし，この式は，衝突後，人の飛び出し距離から衝突時の速度を求めるものである。

　さらに，12.5m/s（45km/h）で走行していた被告人車両が速度8.94m/sまで減速した時の時間 t は，次式のように求めている。ただし，g は重力加速度（9.8m/s^2）である。μ は摩擦係数0.45とおいている。

$$t = \frac{V_0 - V}{\mu g} = \frac{12.5 - 8.9}{0.45 \times 9.8} = 0.816 \text{秒} \cdots\cdots\cdots\cdots\cdots\cdots\text{式(2)}$$

　この式を四捨五入して0.82秒とし，被告人の空走時間を0.5秒として，発見して衝突するまでの時間を $0.5 + 0.82 = 1.32$ 秒としている。

　この間に進んだ距離 L は，次式となる。

$$L = \frac{V_0^2 - V^2}{2\mu g} = \frac{12.5^2 - 8.9^2}{2 \times 0.45 \times 9.8} = 8.73 \text{m} \cdots\cdots\cdots\cdots\text{式(3)}$$

　被告人車両が被害者自転車を発見して衝突するまでの1.32秒間に4.4m進んでいるから，被害者自転車の速度 v は，

$$v = \frac{4.4}{1.32} = 3.33 \text{m/s（11.99km/h）} \cdots\cdots\cdots\cdots\cdots\cdots\text{式(4)}$$

とした。

　被害者自転車が，外側線を出て⑦に移動するまで 4 m 進行している。その時間 t_H は，式(4)から，

$$t_\text{H} = \frac{4}{3.33} = 1.2 \text{秒} \cdots\cdots\cdots\cdots\cdots\cdots\cdots\cdots\cdots\text{式(5)}$$

となる。

　被害者が外側線にいた時の被告人車両の位置から衝突地点までの距離 S を次式で与えている。

$$S = 12\text{m} + 12.5\text{m/s} \times 1.2 = 27\text{m} \cdots\cdots\cdots\cdots\cdots\text{式(6)}$$

　12mの根拠は不明であり，論理的には式(3)の8.73mに空走時間0.5秒分の進行距離を加えて $8.73 + 12.5 \times 0.5 = 15$ mとするべきものである。

そして，摩擦係数を$\mu = 0.45$から，制動停止距離S_Xを導いている。

$$S_X = V_0 \times 0.5 + \frac{V_0^2}{2\mu g} = 12.5 \times 0.5 + \frac{12.5^2}{2 \times 0.45 \times 9.8}$$

$$= 6.25 + 17.72 = 23.97\mathrm{m} \quad\cdots\cdots\cdots\cdots\cdots\cdots\cdots\cdots\cdots\cdots\cdots\cdots\cdots\cdots\text{式(7)}$$

式(6)及び式(7)から，被告人車両は，被害者自転車を外側線で発見した場合，十分停止できるとして起訴したものである。

3　1審における弁護側の反論

弁護側は，「被害者自転車が一時停止義務に違反し，また左右も確認せずに，優先道路である本件国道上の被告人車両の進行妨害をしており，これは，道交法第43条，同法第36条第2項，第119条第1項第2号及び第2号の2に該当する。」とし，被告人が市道から国道に進入した時点で自転車の存在を確認したとしても，本件事故の発生を回避することは不可能であると反論した。

被害者自転車の速度V_Hは，**図2**に示されるように，被害者の飛翔距離のベクトル成分から，飛翔距離を1.8mとして，

$$V_H = \sqrt{10X} = \sqrt{10 \times 1.8} = 4.24\mathrm{m/s} \quad\cdots\cdots\cdots\cdots\cdots\cdots\cdots\cdots\cdots\text{式(8)}$$

と主張した。

被害者自転車が，外側線を出て⑦に移動するまで4m進行し，式(5)のその時間t_Hは，次式のように変更される。

$$t_H = \frac{4}{4.2} = 0.95秒 \quad\cdots\cdots\cdots\cdots\cdots\cdots\cdots\cdots\cdots\cdots\cdots\cdots\cdots\cdots\cdots\text{式(9)}$$

となる。

式(6)は，次式のように訂正される。

$$S = 12\mathrm{m} + 12.5\mathrm{m/s} \times 0.95 = 23.88\mathrm{m} \quad\cdots\cdots\cdots\cdots\cdots\cdots\cdots\cdots\text{式(10)}$$

よって，この位置からでは，被告人車両は，衝突は回避できないものとなる。

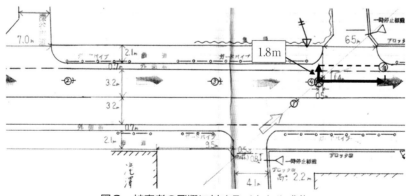

図2　被害者の飛翔に対するベクトル成分

4　地裁の判断の内容

地裁では，被害者自転車の速度を弁護側が主張した4.2m/sを採用できるとした。また，被告人車両の衝突時の速度は，被害者の飛翔距離の直角成分の距離を採用しているので，式⑴を採用している。

自転車の衝突位置が後輪部分であるから，外側線から衝突地点までの距離を8.3mから8.7mに変更した上で，被害者自転車のペダル部分が外側線を出たところで，被告人車両が危険を感じる地点とした。これは，裁判の公判中は議論していなかったものである。

被告人が被害者自転車を発見してから衝突するまでの移動距離をDとし，被告人車両の制動初速度をV_1（＝12.5m/s），衝突速度をV_2（＝8.94m/s）とする。0.5は空走時間である。

$$D = V_1 \times 0.5 + \frac{V_1^2 - V_2^2}{\mu g} = 12.5 \times 0.5 + \frac{12.5^2 - 8.94^2}{2 \times 0.45 \times 9.8} = 14.9 \cdots\cdots 式⑾$$

二輪車タイヤと路面の摩擦係数を0.45と認め，被告人が被害者自転車を発見してから衝突するまでの時間は，以下のように，1.3秒とした。

$$T = \frac{V_1 - V_2}{\mu g} + 0.5 = \frac{12.5 - 8.94}{0.45 \times 9.8} + 0.5 = 1.3秒 \cdots\cdots 式⑿$$

被害者自転車の外側線から衝突地点までの移動時間を以下のように求めた。被害者自転車は，8.7mを4.2m/sで走行したのであるから，移動時間は8.7/4.24＝2.05秒とした。

被害者の横断開始から被告人が被害者自転車を発見するまでに約0.75秒（2.05－1.3）であり，その間，被告人車両は12.5m/sで約9.38m（12.5×0.75）移動したから，被害者の横断開始時に被告人車両は，衝突地点の約24.28m（9.38＋14.9）手前にいたことになる。

以上のように判断したため，被害者自転車が横断開始してもその時，被告人車両が0.45の摩擦係数を用いて停止すれば，23.97mで停止できるので，0.31m（24.28－23.97）手前で停止できるとして，被告人の過失責任を認め有罪とした。

5　高裁の対応

弁護側は，1審の判断を不服として控訴し，専門家の鑑定によって審議することを高裁に請求した。高裁は，筆者に鑑定を依頼した。

鑑定内容を以下に示す。

⑴　本件事故発生直前，別紙見取図Ⓐ地点を被害者運転の自転車ペダル部分が越えた時点における，被告人運転の自動二輪車の位置は，衝突地点（同見取図⊗地点）の何m手前であったか

⑵　本件事故発生当時，現場道路を約45km/h（約12.5m/s）で走行していた被告人運転の自動二輪車が急制動措置を講じて停止できる距離は，何mか。

⑶　その他，参考となる事項

6 筆者の鑑定経過と結果

(1) 本件事故発生直前，別紙現場見取図Ⓐ地点を被害者運転の自転車ペダル部分が越えた時点における，被告人運転の自動二輪車の位置は，衝突地点（同見取図⊗地点）の何m手前であったか

　図3は，交通事故現場見取図を示す。被告人車両の停止位置は，警察が現場臨場時に特定されたもので，実況見分調書においても写真撮影され信頼できるとした。被害者の転倒停止位置も，被告人が直後に目撃した位置と認められるので信頼できるとした。しかし，後の実況見分調書の転倒位置は図面によって異なっている。

　最初に，衝突地点について検討する。

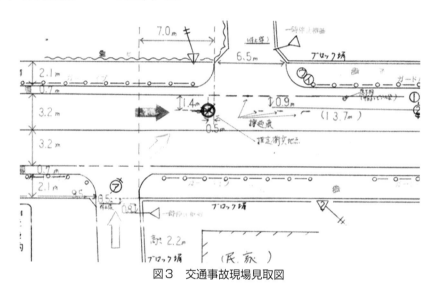

図3　交通事故現場見取図

　写真5は，路面の白線部分に印象された擦過痕の状況である。

　写真5の擦過痕の状況から，自転車が擦過した痕跡であると推定された。図4に示すように，擦過痕の延長線上に衝突後の飛び出し地点があると考えられる。実況見分調書に記載された衝突地点で衝突し，変形が終了した後，ⓦ地点から自転車が停止地点方向に飛び出したと推定される。

写真5　路面の白線部分に印象された擦過痕

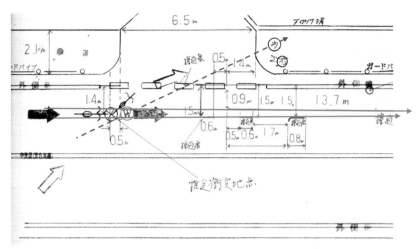

図4　擦過痕の延長線上に衝突地点を置いた状況

　被告人車両は，ハンドルを右に切った状態で衝突しているが，運動方向が直線状であるから，衝突直前の瞬時に切った状態で押し出し，数m進行して転倒擦過したと推定される。したがって，被害者は，被告人車両に押されて飛び出し，転倒停止したと推定された。

　被告人車両の衝突時の速度は，通常，被告人車両の衝突直後の擦過痕の長さから求める。図5を実測すると，被告人車両の転倒擦過痕の長さLは，約15mである。

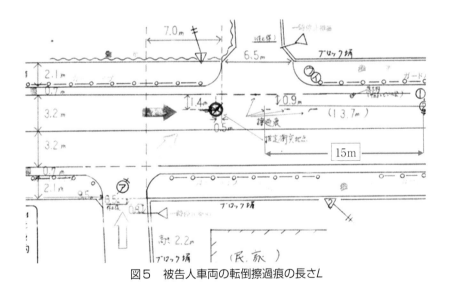

図5　被告人車両の転倒擦過痕の長さL

　擦過時の摩擦係数は，湿潤状態であるから$\mu_S = 0.3$とすると，飛び出し速度V_Sは，次式となる。

$$V_S = \sqrt{2\mu_S gL} = \sqrt{2 \times 0.3 \times 9.8 \times 15} = 9.39\text{m/s} \cdots\cdots\cdots\cdots\cdots\cdots\cdots\cdots\text{式}(13)$$

　次に，衝突によって被害者が飛翔した距離から，衝突時の速度を推定する。被害者が坂を下って，速い速度で道路を斜めに横断して衝突したと認められるから，衝突後，自転車の進行方向の速度成分をもって飛翔したと考えることができる。また，被害者は，被告人車両と

の衝突によって，被告人車両の速度成分をもって飛翔すると考えられる。これは，図6に示すように，ベクトルで考えることができ，被害者の自転車の進行方向に約3m飛翔していることが実測される。

被害者自転車の衝突速度をV_Y，飛翔距離をYとすると，速度V_YとYの関係が実験によって次式のように求められている。

$$V_Y = \sqrt{10Y} = \sqrt{30} = 5.48\mathrm{m/s} \dotfill 式(14)$$

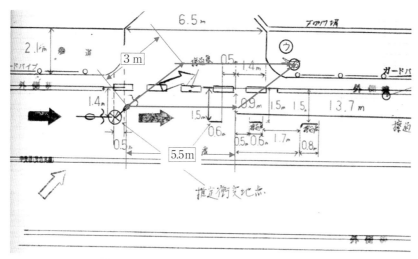

図6　衝突時の被害者の飛翔方向と飛翔距離

自転車が走行する速度は，通常の速度で17km/h（4.72m/s）といわれている。坂を下って少し速い速度で横断したと考えられるから，被害者の速度としては妥当であると考える。

被告人車両によって飛翔した距離Xは，5.5mと実測されるから，被告人車両の衝突時の速度Xは，

$$V_X = \sqrt{10X} = \sqrt{55} = 7.42\mathrm{m/s} \dotfill 式(15)$$

と求められる。しかしながら，式(1)で求めた速度と大きく異なることが分かる。これは，**写真1**に示されるように，被害者がガードパイプの支柱によって飛翔が妨げられ，距離が短くなったとも考えられる（さらに考察すると，被害者は，被告人車両と接触していない。したがって，自転車の進行方向の距離成分は被害者自転車の速度と考えてもよい。しかし，被告人車両の進路方向の成分は，被害者が被告人車両に接触していないので，被告人車両の衝突時の速度で飛翔するとは限らない。）。ここでは，式(1)を採用することとした。

図7に示すように，別紙現場見取図Ⓐ地点を被害者の自転車ペダル部分が越えて，同見取図⊗地点までの距離は，ペダルの位置の移動を考えて8.7mとされている。

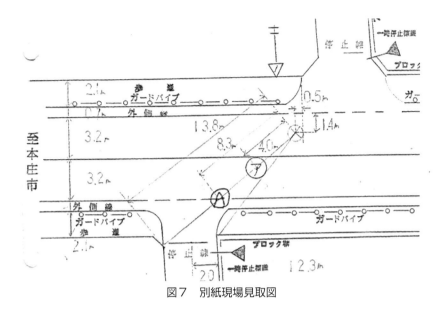

図7　別紙現場見取図

被害者がⒶ地点を越えて衝突するまでの時間 t は，次式で表される。

$$t = \frac{L_{\mathrm{H}}}{V_{\mathrm{Y}}} = \frac{8.7}{5.48} = 1.59 秒 \quad\cdots\cdots\cdots\cdots\cdots\cdots\cdots\cdots\cdots\cdots\cdots\cdots\cdots 式⒃$$

　被告人の事故当時の走行速度は，45km/h（12.5m/s）であると供述したことから，制動開始前の被告人車両の速度を上記のとおり，裁判官，検察官及び弁護人ともに認定し，争いがない。よって，被告人車両の走行速度 V_0 を12.5m/s，衝突速度 $V_{\mathrm{S}} = 9.39$ m/sとして，V_0 から V_{S} まで減速した時間 t_{S} を求めると，次式となる。

$$t_{\mathrm{S}} = \frac{V_0 - V_{\mathrm{S}}}{\mu g} = \frac{12.5 - 9.39}{9.8\mu} \quad\cdots\cdots\cdots\cdots\cdots\cdots\cdots\cdots\cdots\cdots\cdots\cdots\cdots 式⒄$$

　ここで，μ は被告人が作動したブレーキによるタイヤと路面間の摩擦係数である。

　1審判決によれば，被告人に最も有利な $\mu = 0.45$ を採用している。その根拠は，アスファルトの湿潤路面で走行速度48km/h以下の場合の摩擦係数が，「図解交通資料集」における「摩擦係数表」において，交通量の多い場所で0.45〜0.65とされているところ，摩擦係数0.45を使用するのが相当としたことによる。

　しかしながら，この表では，乗用車用タイヤでは高めの数値，大型トラックは低めの数値を使用するとある。もともとこの係数表は，タイヤをロックさせてすべり摩擦係数を測定した数値であり，軽自動車，小型貨物自動車，二輪車等では，平均的な数値を用いるとしている。しかしながら，二輪車では，タイヤをロックさせると転倒し，路面に叩きつけられることや縁石，ガードレールと衝突し，生命の危険を伴うことから，タイヤをロックさせるような強い制動は避けるものである。教習所では，ロックを1として前輪の制動が0.7，後輪の制動が0.3で使用するように指導されているという。したがって，転倒せずに強く制動するときは，0.45〜0.65の平均値0.55の更に低い摩擦係数しか使えないということである。ロックさせた痕跡が路面に印象されていた場合は，滑った状態であるから，二輪車でも「図解交

通資料集」における「摩擦係数表」を用いることは可能である。

　そこで，今，被告人には不利といえる摩擦係数$\mu = 0.55$を用いて，式(17)を計算する。つまり，ロック寸前の制動ができたとして考察する。よって，

$$t_{\mathrm{S}} = \frac{V_0 - V_{\mathrm{S}}}{\mu g} = \frac{12.5 - 9.39}{9.8\mu} = \frac{3.11}{9.8 \times 0.55} = 0.577秒 \quad \cdots\cdots\cdots\cdots\cdots\cdots\cdots\cdots 式(18)$$

を得る。

　二輪車が危険を感じて制動力が作用するまでの空走時間を0.5秒（踏みかえ時間がない）とすると，危険を感じて衝突するまでの距離S_{X}は，次式となる。

$$S_{\mathrm{X}} = V_0 \times 0.5 + \frac{V_0^2 - V_{\mathrm{S}}^2}{2\mu g} = 12.5 \times 0.5 + \frac{12.5^2 - 9.39^2}{2 \times 0.55 \times 9.8}$$

$$= 6.25 + 6.32 = 12.6\mathrm{m} \quad \cdots\cdots\cdots\cdots\cdots\cdots\cdots\cdots\cdots\cdots\cdots\cdots 式(19)$$

　被害者自転車が②地点を越えて衝突するまでの時間tは式(16)から1.59秒であるから，被告人車両が気付かなかった時間t_{C}は，$t_{\mathrm{C}} = 1.59 - 0.5 - 0.577 = 0.513$秒である。よって，被害者自転車が②地点を越えたときの衝突地点から手前の被告人車両の位置S_0は，

$$S_0 = 12.6 + 12.5 \times 0.513 = 19.0\mathrm{m} \quad \cdots\cdots\cdots\cdots\cdots\cdots\cdots\cdots\cdots 式(20)$$

となる。

　図8に被告人車両と被害者自転車の位置関係を図示した。ただし，この地点は，被告人の摩擦係数をタイヤがロックするほどの最大の制動操作をした場合であることに注意が必要である。

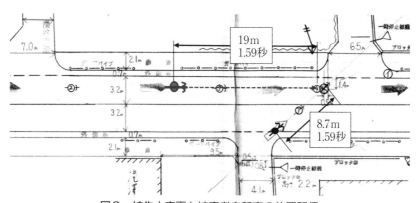

図8　被告人車両と被害者自転車の位置関係

(2)　本件事故発生当時，現場道路を約45km/s（約12.5m/s）で走行していた被告人運転の自動二輪車が急制動措置を講じて停止できる距離は，何mか

　速度$V_{\mathrm{Z}} = 12.5$m/sで走行する車両が危険を感じて停止するまでの距離Sは，次式で表される。

$$S = V_{\mathrm{Z}} \times 0.5 + \frac{V_{\mathrm{Z}}^2}{2\mu g} = 12.5 \times 0.5 + \frac{12.5^2}{2 \times 0.55 \times 9.8}$$

$$= 6.25 + 14.49 = 20.7\mathrm{m} \quad \cdots\cdots\cdots\cdots\cdots\cdots\cdots\cdots\cdots\cdots\cdots\cdots 式(21)$$

　よって，被告人車両の走行位置では，被害者自転車のペダル位置が②地点を越えた時点で

発見したとしても被害者自転車の手前で停止することは不可能である。

⑶　その他，参考となる事項

　本鑑定書で示した現場見取図Ⓐ地点を被害者運転の自転車ペダル部分が越えた時点における，被告人運転車両の位置は，衝突地点から手前19mの地点と求められたが，厳密なものというより，概ね19m手前の地点ということである。停止できる距離と1.7mの差しかない。1.7/12.5＝0.136秒の時間で衝突するか否かの微妙な時間である。1審判決では，停止できる距離は，23.97m，被告人車両の位置は衝突地点手前24.28mとし，その差は，0.31mで，時間にして0.31/12.5＝0.0248秒である。瞬きの時間は，100～150ミリ秒（0.1～0.15秒）といわれており，1審判決は，瞬きの時間より短い時間内での注意義務を運転者に常に課しているといえる。

7　高裁での判断

　1審判決を破棄し，被告人を無罪とした。

8　まとめ

　この事件は，もともと，被害者が一時停止を怠って，通常の速度で市道から国道に飛び出した事故であり，違反の大きさは被害者の方にあると認められる。被告人の走行速度は，法定指定速度に準じて走行していたことが認められた上での裁判であり，その走行状態での非は小さいものと認められるが，1審では有罪となっている。本件事故によって，被告人は骨折し，足を引きずる後遺症が残るものとなった。このような事故が自身に起こったとしたら，裁判所でどのように判断されるのか感慨深い。

事例 2-2 ■ 左折時に児童運転の自転車を巻き込んで逃走した事件

　本事例は，被告人車両が左折時に横断歩道を直進する児童運転の自転車と衝突し，そのまま逃走した自動車運転過失傷害，道路交通法違反被告事件について述べる。本事例は，１審では無罪の判決となったが，控訴審で有罪となった事案である。被告人が車両を修理していたこと，衝突状況が複雑だったこと，及び被告人が強く否認した事案であったため，犯罪の証明が難しかった事案である。

事故の概要

　本事例は，被告人車両が左折進行するに当たり，前方左右を注視せず，横断歩道上を，被告人車両の進行から見て左から右方向に横断進行してきた被害車両（児童運転の自転車）に自車左側面部を衝突させ，骨折等の傷害を負わせたにもかかわらず，必要な救護措置を講ぜず，事故発生について警察官に報告しなかった，自動車運転過失傷害，道路交通法違反被告事件である。
　図１に，交通事故現場見取図を示す。

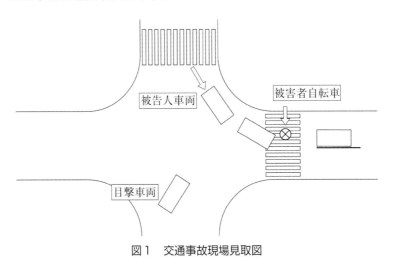

図1　交通事故現場見取図

1　警察の捜査

　警察は，目撃者の捜査や対向車線を走行するバスのドライブレコーダなどの映像から，轢き逃げ車両の捜査を行った。その結果，白色の乗用車であることが判明した。それらの車両を捜査したところ，外車であることが判明し，被疑者（被告人）を逮捕した。被疑者（被告人）は，事故発生時間に通過した可能性は認めたものの，衝突したことは否認した。
　被告人車両は，事故の翌日，自動車修理工場に持ち込まれ，左フロントドアに凹損がある

ということで板金加工の修理を受けている。修理の担当者は，長年の経験から，修理箇所について，当初から事故で生じたものではないかと疑っていたものであった。修理途中で，警察が被告人車両を引き上げて持っていき，捜査した。

　裁判での修理担当者の証言は，フロントフェンダーが大きく凹んでいたこと，左フロントフェンダーの2か所の凹みと線状の傷があったことなど詳細に供述し，その凹みの状況から，自転車やバイクのブレーキレバーが衝突したものではないか，左フロントドアの凹みは，人体が当たって凹んだ形状だと思ったなど，具体的なものであった。これらは，警察の捜査で明らかになった証言であるが，経験に基づいた信用できるものであった。

　さらに，警察は，被告人が事故後，駐車した地点における防犯カメラ映像から，被告人車両には損傷があるという捜査報告書を作成したものであるが，写真を精査しても凹損があるようには見えないものであった。

2　検察の対応

　検察は，被告人車両の修理したドア及びフェンダーなどの損傷部位と，被害車両とを突き合わせて衝突状況を検証し，両車両に衝突があったことを検証し検証調書を作成した。検察官が行った検証は，詳細で的確なものであったと考えられた。

3　1審の判断

　1審では，被告人が事故現場を通ったことは認めたが，被告人車両が本件事故後に，本件交差点を通過した可能性が否定できないとした。また，被告人が被告人車両で交通事故を起こしたことを認識していたと疑わせる事情があるとまではいえないとした。さらに，被告人車両の損傷は修復されており，被害車両や人体との衝突事故でなければ生じないものかどうか，確かめる術がなく，警察が防犯カメラの証拠評価を歪曲したと批判されても仕方がないとした。さらに，検察官が調査した被害車両と被告人車両の衝突状況が複雑で，衝突の機序について確信を持てないとして，無罪を言い渡した。

4　検察側の控訴

　検察は控訴し，筆者に本件事故の機序，衝突の有無などについて鑑定を依頼した。

5　鑑定依頼

⑴　被告人車両左側面の各損傷の形成原因
⑵　被告人車両と被害車両の関係
　①　被告人車両左側面の各損傷は，被害車両との衝突によって形成され得るか
　②　形成され得るとすれば，どのような衝突機序によって形成されたと考えられるか
⑶　検察官が実施した検証において，想定した衝突態様は合理的に考え得るものか
というものであった。

6　鑑定結果の概要

　本事例の被告人車両の左側面には損傷が存在していたが，被告人は，本事例の事故発生の翌日，自動車修理工場に持ち込み，板金加工の修理を受けている。被告人車両の修理担当者によれば，左フロントフェンダーに，高さ１ｍ前後の位置に地面と水平に長さ約10cm，幅約1.2cmの線状の傷，左フロントフェンダーに直径約15cmの２か所の凹み損傷，左フロントドアにドア部分の前半分，縦幅はドアの上から下まで大きく凹んだ損傷があったというものである。１審判決は，修理担当者の被告人車両に対する損傷の特定は具体的で明確であり，自ら被告人車両の修理を担当したことも照らして，供述の信用性は疑いがなく，そのとおり認定できると評価した。

　一方，１審判決では，被告人車両の損傷は修復されており，自転車や人体との衝突事故でなければ生じ得ないものか確かめる術がないとも述べている。特に，被害車両（自転車）と被告人車両が衝突した際に，被害車両のハンドルが半回転するなど，事故状況は複雑なものであり，そのような動きが実際に生じ得るのかどうかを論証することは難しいとして，無罪の判断の理由としている。

　そこで，修理担当者の供述に基づいて，被告人車両の左側面に生じていた各損傷について検証した。

　本事例における被告人車両の左側面には，線状の傷，２か所の凹み傷及びドアの凹損という損傷があったものである。被告人車両の前面には損傷は認められず，側面にのみ損傷が認められた。これらの損傷の形成は，何らかのものと衝突あるいは叩きつけられたことによって生じたものと考えられた。被告人車両は左折した際，横断歩道を進行中の被害車両と衝突したとして起訴されたもので，被害車両のハンドルグリップの高さとほぼ一致していた。したがって，被告人車両の左フェンダーの２か所の凹みは，被告人車両が左折する際に，被害車両のハンドルグリップと衝突したと考えて矛盾がないものであった。

　被害車両のハンドルの左右のブレーキレバーの位置は，異なった，左右が均等でないものであった。ハンドルの右側のブレーキレバーは，内側に5.5cm入った状態であり，左折する被告人車両と衝突した際に，自転車のハンドル右端が被告人車両の左フェンダーに衝突するが，ブレーキレバーはフェンダーに届かない。被告人車両の左フェンダー部の第１の損傷は，被害車両のブレーキレバーがフェンダーに届かない位置にあるので損傷は生じないが，ハンドルの右端だけが衝突して凹みを生じると考えることができる。したがって，自転車のハンドルの高さと被告人車両の左フェンダーの損傷の高さが一致する損傷は，被害車両のハンドル右端が衝突したことによって損傷したと考えて矛盾がないものであった。**写真**に，被害車両のハンドルとブレーキレバーの位置を示す。

写真　被害車両のハンドルの左右のブレーキレバーの位置

　次に，被告人車両の第2の損傷は，前述の損傷と同じ高さであり，被害車両のハンドルが衝突したと考えられた。被害車両の左ハンドルの左端と左ブレーキレバーの左端は，右ハンドルとは異なり近い位置にある。第2の損傷近くにある擦過損傷は，地上から約79cmの位置にあり，被害車両の左ブレーキレバーによって損傷したと考えられた。右ハンドルグリップは長いので，ブレーキレバーが接触できないからである。

　検証調書では，突合せが行われ，被告人車両左フェンダーの損傷と被害車両の右ハンドルグリップ右端は一致していることが確認されていた。

　被害車両と被告人車両の接触機序を以下に検証する。

　被害車両の前輪は，左折してきた被告人車両の左バンパーに接触し押し出されてハンドルが左に向き，その後，被告人車両の左に切られたタイヤが，被害車両のダウンチューブに接触したものと考えられる。最初に被害車両の前輪の接触により左に押し出されたため，被害車両は被告人車両に少し平行になるように移動したと考えられる。

　図2は，被害車両右側面のダウンチューブ下端の黒色付着を伴う擦過痕の印象状況を図化したものである。図2に示すように，被告人の左前輪が左折中にタイヤが左に切られてフェンダーから出たタイヤが，被害車両の右側面のダウンチューブの下端に黒色付着を伴う擦過痕を印象させたと考えられる。被害車両のサドルとハンドルの中間地点に，被告人車両の左タイヤ痕が印象されたと考えられるから，ハンドルは，第1の損傷よりも前方に位置するため，ダウンチューブの下端に黒色付着を伴う擦過痕は，最初に被害車両と接触したものと考えられる。

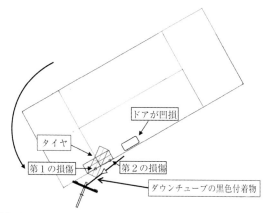

図2　被告人車両と被害車両のダウンチューブの黒色付着物との突合せ

　被告人車両の左前輪は，被害車両のダウンチューブに擦るように接触し，被害車両は，若干左方向に押し出された。ダウンチューブの接触点は，下部で車体が平行に左に押し出され，被害者は，自転車の右側にずれたと考えられる。

　被告人車両は更に左に進行し，自転車の右ハンドルグリップが第1の損傷と衝突したと考えられる。図3は，被害車両が押し出されたのち，被害車両の右グリップが，被告人車両の左フェンダーの第1の損傷と衝突した状況を図化したものである。被害者の右ハンドルグリップが，フェンダーと衝突した状況である。

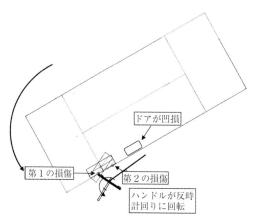

図3　被告人車両と被害車両の右ハンドルグリップが衝突した状況

　被害車両の右ハンドルグリップが，被告人車両の第1の損傷と衝突したことによって，ハンドルが，上から見て反時計回りに回転したものと考えられる。被告人車両は左折を行っているから，回転した被害車両のハンドルグリップに再び衝突して第2の損傷を生じ，その後，左ハンドルのブレーキレバー先端が被告人車両の擦過損傷を生じさせたものと考えられる。「第1の損傷」と「第2の損傷」の間隔が短く，被告人車両と被害車両が衝突したと仮定すれば，損傷「第1の損傷」の形成後，間もなく損傷「第2の損傷」が形成されたと考えられる。そのため，被害車両が大きく傾く前に，短時間にこれらの事象が生じたと考えられ

るから，被害車両の左ハンドルの高さが「第2の損傷」などと一致したと考えられる。被害車両のブレーキレバーには被告人車両の塗膜が付着していないが，付着せずに地面に落下したか，付着したがその後落下したものと考えられる。

　　図4は，ハンドルが回転して，ハンドルグリップ左が被告人車両「第2の損傷」と衝突した状況を図化したものである。ハンドルグリップは，「第1の損傷」と衝突したときに離れたものと考えられ，被害者は自転車の右に落下しかけたと考えられる。

　　図4から，被害者が，右に落ちかかって腰が低い位置になることから，左フロントドアの下部に衝突してドアが凹損したと考えることが妥当である。

　　修理担当者によれば，「この凹損は，人間の身体が当たってできた凹みだと思う」と供述したことと符合する。

　　被告人車両の左側面の各損傷として，左フロントフェンダー部の2か所の凹み，擦過痕及び左フロントドアの凹損は，被告人車両が左折したときに，横断歩道を横断する被害車両と衝突したときに形成された損傷であると考えることが妥当である。

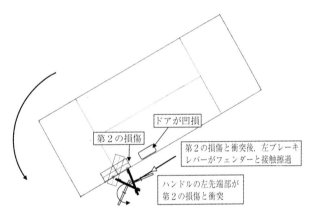

図4　ハンドルが回転してハンドルグリップ左が被告人車両第2の損傷と衝突した状況

　　したがって，検察官が想定した衝突態様は，これまで述べたように，衝突の機序，衝突の損傷など，目撃者の供述，被告人車両の損傷，被害車両の損傷，及び修理担当者の供述とも符合し，合理的なものと認められた。

　　被告人は，ドアの凹損は，知らない間に誰かによって起こされたものであると否認していた。ドアの凹損状況は，大きく凹んだものであり，人が衝突して起こすには，20km/h以上の速度が必要なものであった。つまり人が故意にぶつけて凹損させるには，足で蹴ったような程度ではなく，20km/h以上の速度で体当たりしなければ凹損できないものであったから，言ってみれば猛烈にダッシュして体当たりするようなもので，到底考えられないものであった。

7　高裁の判断

　判決は，原判決を破棄し，被告人を懲役1年6月，執行猶予4年間とした。高裁は，原判決に事実誤認があり，破棄を免れないとした。判決では，

⑴　目撃者等による自動車が白色の外車で，被告人車両と同種のものと認められる。

⑵　修理担当者の供述は，具体的で信用できる。

⑶　筆者鑑定の損傷の機序及び検証調書も含めて信用できる。

とした。

8　まとめ

　被告人車両は，修理が行われ，主な痕跡の具体的な確認が困難な状況であったが，修理していない箇所の検証と事故車ではないかという修理担当者の長年の見識によって明らかにされた痕跡の位置から，被害車両との衝突による損傷の機序が明らかにされた。これらの複雑な損傷の機序の説明の積み重ねが，裁判所で認められて，被告人を有罪にすることができたものであった。この事案で，修理担当者の長年の見識と捜査への協力は，犯罪を証明するために重要なポイントになった。

第3章

二輪車の事故

事例 3-1 ■ 起訴に数年を要した少年の否認事件（バイク運転者特定）

　被告人が少年で，犯罪を否認したため，裁判の審議が長くかかり，大人になってから判決が下されることがある。本事例は，二人乗りの原動機付自転車の単独事故でどちらが運転していたかが争われた交通事故について述べる。

■ 事件の概要 ■

　本事例は，12月の午前３時57分頃，国道道路上において，二人乗りの原動機付自転車が走行中に転倒し，乗員Aが重傷を負った交通事故事件である。

1　警察の捜査

　図１は交通事故現場見取図を示している。警察は，以下に述べるように，事故の現場検証を適正に行ったと認められる。

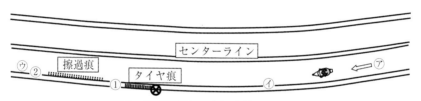

図１　鑑定資料１の交通事故現場見取図

　ここで，本件事故バイクの運転者は，㋐，㋑，㋒と進行し，㋒で転倒した。①はバイク乗員Aが倒れていた地点，②はバイクが倒れていた地点である。⊗地点の縁石の先にタイヤ痕が印象されている。さらに，乗員Aが倒れていた①地点付近に血痕が付着している。①の血痕の先にバイクの擦過痕が印象されている。

　警察の車両見分資料には，事故車両の原動機付自転車ホンダディオZXが見分されている。

(1)　前輪の周辺に損傷はなく，左右のフロントフォークにも損傷は認められない。

(2)　左側面のプーリーカバーは，地上15cmから16.6cmの地点に擦過痕が認められた。２名乗車の状況では，地上13cmから14.6cmの位置であった。

(3)　キックペダルは，地上22.5cmから24cmの地点に擦過痕が認められた。２名乗車の状況では，地上20cmから21.5cmの位置であった。

(4)　センタースタンドは，地上17.5cmから21.5cmの地点の擦過痕が認められた。

(5)　左サイドカバーは，地上19cmから25cmの地点に溶融を伴う擦過痕が認められた。２名乗車の状況では，地上16cmから21cmの位置であった。

　さらに，被告人の着衣が見分され，ズボンの右腰前部分が事故車両のブレーキオイルタンクキャップと接触した痕跡が認められた。

　また，乗員Aのズボンとジャケットが見分され，ズボンの左裾部分に大量の血痕が付着していた。着用していたジャケットの右胸から右腕へ鎖状の痕跡が認められた。

　警察は，事故車両の左側面及び左ハンドル付近の路面との擦過痕の検証を行った。擦過痕の検証により，事故車両の衝突から転倒までの経緯が明らかにされていった。さらに，事故車両及び縁石などの擦過痕などから衝突状況及び転倒状況が検証された。これによると，事故車両は，道路左側にバランスを崩した状態で近づき，そのため，乗員Aが左足を縁石に乗せたと認められた。**写真1**は，乗員Aが左足を縁石に乗せた状況を再現したものである。

　この状況は，警察の靴底の見分によって，乗員Aの左靴底に黄色い塗料が付着していたことにより明らかになったものである。

　事故車両の挙動及び乗員の挙動は，全ての痕跡を，連続的に結びつけることによって推定されたものであった。

写真1　乗員Aが左足を縁石に乗せた状態（再現）

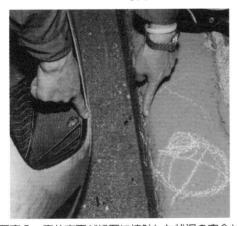

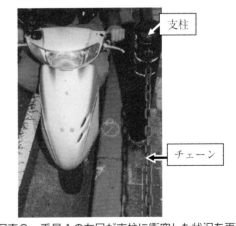

写真2　事故車両が縁石に接触した状況の突合せ　写真3　乗員Aの左足が支柱に衝突した状況を再現

　その先に，事故車両が縁石に接触した痕跡が認められた。**写真2**は，事故車両が縁石に接触した状況の突合せを示し，**写真3**は，乗員Aの左足が支柱に衝突した状況を再現したものである。

　乗員Aの左足が，支柱に骨折するほど強く衝突したことから，乗員Aは，前のめりになって事故車両から落下し，支柱のチェーンに接触した。乗員Aの着衣胸部にチェーンに接触した痕跡が認められたことから，乗員Aが支柱につながれたチェーンに胸から落下したと推定された。

　写真4は，後席乗員の左足が支柱に衝突したことにより，前のめりになって胸からチェーンに落下した状況の再現を示す。

写真4　後席乗員が前のめりになって胸からチェーンに落下した状況の再現

2　検察の対応

　検察は，警察の捜査資料を基に被告人を運転者と特定し，起訴したが，被告人が強く否認したことから，第三者である筆者に鑑定を依頼した。

鑑定事項は，

⑴　警察の作成した鑑定資料に基づく，本件車両転倒時における運転者の特定

⑵　司法警察員作成の交通事故解析書の妥当性

⑶　その他参考事項

であった。

3　鑑定結果

　筆者は，警察の捜査資料を基に乗員Aが，後席にいたか前席にいたかを考えた。

・乗員Aが前席にいた場合

　乗員Aの足が骨折するほど強く支柱に衝突したとすると，その時点で乗員全員が前のめりになるから，後席乗員はつかむものがないため，乗員Aの背中に衝突し，乗員Aを押し，ともにチェーンの方向に飛び出す。また，バイクもその場で横倒しになると推定できる。運転手は，ハンドルを握っていることから運転手の足が支柱に強く衝突した場合，車両は上から見て左に回転する。車両は，縁石に衝突し，転倒するものと推定される。さらに，捜査資料によれば，事故車両は速度30km/hで走行しているから，足が強く衝突したときハンドルを

持つ運転手だけが左に飛び出し，事故車両がそのまま走行することは考えられない。

・乗員Aが後席に乗車していた場合

　乗員Aの左足が支柱に強く衝突したとすると後席でつかまるものがないため，乗員Aだけが事故車両のシートから後ろに抜け出て，支柱の間のチェーンに胸から前のめりに落下することになる。

　これらのことから，後席乗員は，乗員Aであると認められる。

　次に，乗員Aの足が支柱に強く衝突したことにより，事故車両は不安定な走行をし，バランスを崩し，左に転倒した。左に転倒するのは，乗員Aが左に飛び出すとき，乗員Aの右足が後部シートを右方向から左に押すため，事故車両が左側面を下に転倒したと推定される。前席に乗車していた被告人は，倒れて路面に擦過した事故車両に乗車したまま，事故車両とともに進行し，事故車両が停止したため，事故車両の前に飛び出して転倒したと認められる。

　前席に乗車していた被告人は，事故車両が転倒擦過して停止し，事故車両より前方に転倒停止している。つまり，事故車両とともに擦過したが，事故車両が停止したことにより，前のめりになって事故車両の前方に飛び出したと推定される。このとき，被告人のズボンの右腰前部分が事故車両のブレーキオイルタンクキャップと強く接触し，接触した痕跡をズボンに印象させたと認められる（**写真5**）。この痕跡は，前席に乗車していたものにしか付着できないものである。

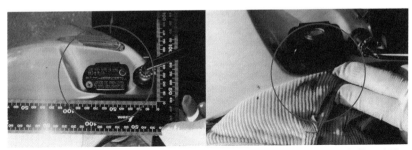

写真5　ブレーキオイルタンクキャップと被告人のズボンの右腰前部分の痕跡

　被告人が後席にいた場合は，乗員Aが支柱と強く衝突したとき，乗員Aが座席シートとハンドルに挟まれ，ブレーキがかかった状態になるため，後席の被告人も左歩道方向に飛び出すことになり，事故車両とともに擦過して移動することは考えられない。以上のことから，バイクの運転者は，被告人であると認めた。

　司法警察員が作成した交通事故解析書には，細かく事故の経緯が記載され，路面痕跡，車体痕跡及び乗員の痕跡などを互いに合理的に符合させ，乗員及び車両挙動を推定している。当然のことであるが，導かれた結論は，合理的なもので，妥当性が認められた。

4　裁判所の判断

　警察の捜査資料，筆者の鑑定資料，警察官及び筆者の証人尋問を経て，被告人を運転者と認めた。

5 まとめ

　本事例の捜査資料を見た限りは，筆者が鑑定する必要もなく，被告人が運転者と特定できると考えられるが，犯罪が起きたとき被告人が少年であったこと，被告人が強く否認したこと，犯罪が起きてから数年が経過して起訴したことなどから，第三者の鑑定を必要としたものと考えられる。被告人や被害者のためにも，厳密で速やかな捜査と検察の早期の起訴が重要であろう。

事例 3-2　■ 刑事事件で起訴できなかった自動二輪車同士の衝突

　交通事故事件において，証拠不十分で不起訴になる事案がある。本事例は，道路のカーブで自動二輪車同士が前面衝突した事案で，どちらがセンターラインを越えたか明確にできず，起訴されなかったものである。

事件の概要

　図1は，交通事故現場見取図を示す。事故現場の道路は，S字カーブが連続する山間のアスファルト道路である。衝突地点⊗において，A車（被告車両）とB車が前面衝突したものである。

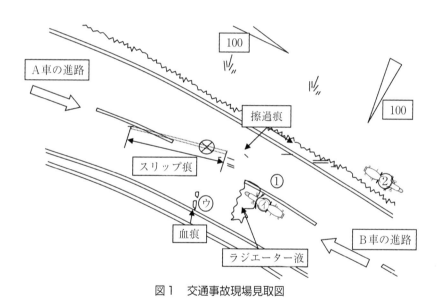

図1　交通事故現場見取図

　A車はスリップ痕を印象させて衝突し，擦過しながら進行方向左側の②地点に転倒していた。A車乗員は，①地点に転倒していた。B車乗員は，ⓒ地点に転倒し，B車は，④地点に転倒していたものである。

　写真1は，スリップ痕とA車の停止状況を示している。スリップ痕の延長線上にA車が転倒停止している。

写真1　スリップ痕とA車の停止状況

　写真2は，衝突地点付近の痕跡を撮影したものである。長いスリップ痕の横に短いタイヤ痕が認められる。

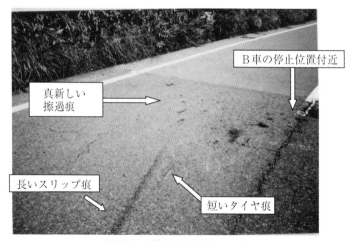

写真2　衝突地点付近の痕跡

　写真3は，A車の停止地点付近に印象された真新しい擦過痕を示している。

写真3　A車の停止地点付近に印象された真新しい擦過痕

　A車乗員は負傷したが命に別状はなく，B車乗員は死亡したものである。B車乗員は，衝突地点まで登り坂を走行してきたものである。当時の警察官は，A車乗員がセンターラインを越えたと考えて捜査したが，A車乗員が，衝突の衝撃により，事故の記憶がないと主張したことや，衝突状況を明らかにできなかったことなどから，検察は，不起訴にしたものである。二輪車同士の衝突事故であったことなどから，事故の解明が困難であったと考えられる。

1　損害賠償請求の民事裁判

　事故の真実が解明されなかったことから，死亡したB車乗員の遺族がA車乗員（被告人）に対して損害賠償請求裁判を起こした。そこで，裁判官が，筆者に事故の鑑定を依頼したものである。

　鑑定項目は，以下のように多数の項目であった。

⑴　衝突時において，各車両及び運転者は，どのような位置にあったか。

　　（衝突部位，車体の向きや傾きなどをできるだけ特定する）

⑵　各車両の制動開始地点及び衝突地点はどこか。

⑶　制動開始直前及び衝突時の各車両の走行速度は時速何kmか。

　　仮に特定が困難な場合，被告車両（A車）が何kmならB車が何kmというように，相対的関係を示す。

⑷　前項の各速度から，

　　1)　被告車両が衝突地点に至るカーブ（$R=60$m）を自車線内で旋回することが可能であったか。

　　2)　B車が衝突地点手前のカーブ（$R=45$m）及びさらにその手前のカーブをいずれも自車線内で旋回することが可能であったか。

⑸　衝突に至るまでの双方車両の走行経路又は走行態様

　　（特に，被告車両がセンターラインをオーバーしていたとすることの合理性）

⑹　1)　衝突地点付近の長いスリップ痕は，被告車両のものか。

　　2)　被告車両のものである場合，前輪か，後輪か。

　　3)　被告車両のものである場合で，かつ，⑴において，被告車両が左右に傾いていたとした場合には，特に，車体の傾きと長いスリップ痕の印象との関係を明確にする。

2　鑑定経過及び鑑定結果

　警察の実況見分調書等から，擦過痕が真新しく，その先にA車が停止していることから，擦過痕は，A車が印象させたと認められた。二輪車では，前輪タイヤがロックした場合，すぐに転倒する。後輪タイヤがロックした場合は，数秒程度は進行することができるといわれている。したがって，路面に印象されたタイヤ痕は，A車の後輪タイヤで印象されたと考えられた。

　事故当事車両のＡ車及びＢ車が保存されていたことから，筆者は，両車両の見分及び両車両の衝突部位の突合せを行った。筆者の検証は，裁判所にて行うこととなったが，このような衝突車両の突合せは，警察の捜査段階で実施すべきものである。

⑴　衝突時において，各車両及び運転者は，どのような位置にあったか
　　（衝突部位，車体の向きや傾きなどをできるだけ特定する）

　写真４はＡ車の前輪タイヤの表面を示し，写真５はＡ車の後輪タイヤの表面を示している。前輪タイヤには，制動力や横力などの強い力が作用した痕跡は，認められない。後輪タイヤの両側の側面には，強い力が作用してゴム表面が摩耗した痕跡が認められる。この痕跡は，トレッドの中央より左右両側に付いているもので，車体を大きく傾けた状態で，後輪に強い制動力や横力を作用させたと認められた。後輪の踏面中央部には，強い駆動力を作用させた摩耗も認められた。

写真４　Ａ車の前輪タイヤの表面

強い制動力や横力
などが作用した痕跡

強い駆動力が
作用した痕跡

写真５　Ａ車の後輪タイヤの表面

　写真6はB車の前輪タイヤの表面を示し，写真7はB車の後輪タイヤの表面を示している。前輪タイヤには，制動力や横力などの強い力が作用した痕跡は，認められない。後輪タイヤの右側の側面には，強い力が作用してゴム表面が摩耗した痕跡が認められる。この痕跡は，右に傾けた状態で制動したものと認められた。後輪の踏面中央部には，強い駆動力を作用させた痕跡は認められなかった。

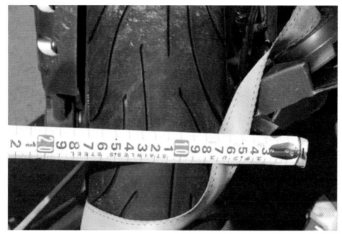

写真6　　B車の前輪タイヤの表面

摩耗の痕跡

写真7　　B車の後輪タイヤの表面

　A車及びB車共に車体を右に傾けて強く制動した痕跡が認められるから，右に旋回しながら制動したことは明らかである。

　写真8は，A車の前面の損傷状況を示す。A車の右前面が大きく損傷し，右側面の上部にタイヤ痕と見られる黒色の擦過痕が認められる。さらに，燃料タンクが右側から押しつぶされた痕跡が認められる。右フロントフォークが前方からの外力によって内側に曲損している。

　写真9は，B車の前面の損傷状況を示している。B車の前面は凹損し，右フロントフォークにA車の右ハンドルが衝突したと考えられる凹損が認められる。

写真8　A車の前面の損傷状況

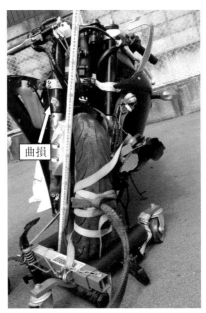

写真9　B車の前面の損傷状況

　写真10及び写真11は，A車及びB車のタンクの損傷を示している。A車のタンクは，左側面が凹損し，乗員の左足が衝突したと認められ，右からの衝撃のため，A車乗員が右方向に飛び出したと認められる。B車のタンクの凹損状況から乗員は，直進状態で衝突したと認められる。

写真10　A車のタンクの損傷

写真11　B車のタンクの損傷

写真12　衝突部位の突合せ

　これらの痕跡から，A車は右に傾いた状態で衝突し，B車は，ほぼまっすぐな状態で衝突したと認められる。衝突部位の突合せ状況を写真12に示す。

　A車の右ハンドル高さは約93cm，B車のフロントフォークの衝突痕の高さは約68cmである。A車の幅は70cmであり，衝突したハンドル部位は，中心から30cmの位置であるとすると，互いの衝突位置から，A車の右への傾きは，図2に示すように，約30°である。

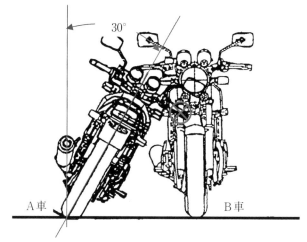

図2　衝突時の互いの車両の角度

　写真13は，車両を突き合わせて定めた衝突角度の測定状況を示す。A車の進行方向を0°とすると，B車の角度は反時計回りに153.7°となった。

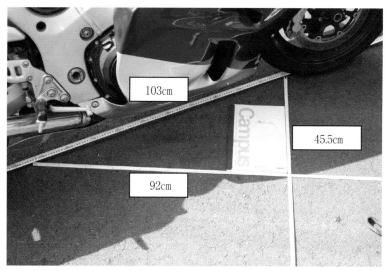

写真13　衝突角度の測定状況

　図3に衝突の状況を示す。A車は右に傾いた状態でセンターラインを越えて進行し，B車に気付いて急制動したが衝突したと認められた。A車の乗員は衝突により，右前方に飛び出して，①に転倒停止した。このとき，**写真10**に示したように，燃料タンクの左側面に左足を衝突させて飛び出し，凹損が生じたと推定される。A車は，右に傾いて走行していたが，衝突によって起こされ，反対側に転倒擦過して回転しながら路外の草むらに停止したと認められた。

　一方，B車はA車の速度が速かったため，A車の進行方向に押し戻された。⑦地点に転倒停止したとされているが，ラジエーターの液の流れ状態から，若干位置が異なる。B車の乗員は，A車と衝突して前方に飛び出し，自車燃料タンクを押しつぶしたが，A車と衝突した痕跡は認められない。最終的に⑨地点に転倒停止した。

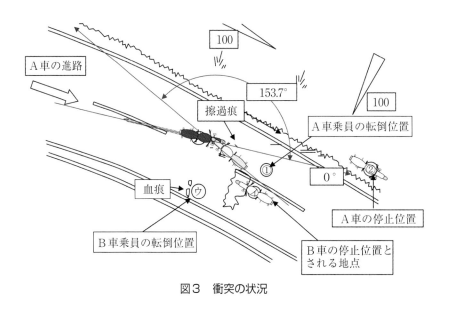

図3　衝突の状況

　図4は，A車とB車の衝突までの進行状況を示している。

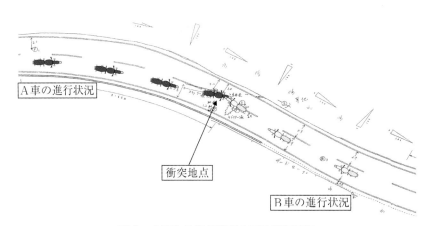

図4　A車とB車の衝突までの進行状況

　写真14は，写真2で示した衝突地点を示す。B車は，衝突直後，前輪タイヤが，A車の側面に沿った方向に向く。このときB車のタイヤがロック状態になるから，写真14に示したようなタイヤ痕が衝突地点に印象される。

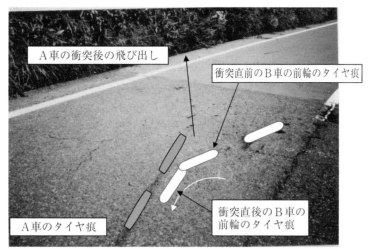

写真14　衝突地点のタイヤ痕

　図5に示すように，B車の前輪は，左に大きく曲げられA車に沿うように変形している。このとき，タイヤが押し付けられているため，タイヤ痕を印象させる。

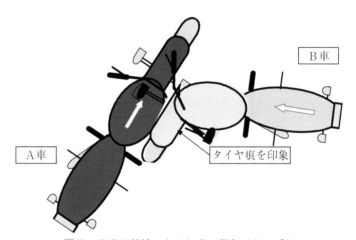

図5　B車の前輪のタイヤ痕の印象メカニズム

　以上の痕跡などから，A車は，センターラインを越えて右カーブを走行し，右カーブであったことから右に車体を30°傾けて走行していた。このときA車は，B車を発見し，衝突直前に後輪がロックするほど強い制動をかけたが互いの右前部が衝突した。タイヤがロックしたことにより，A車はほぼ直線的に進行して衝突した。A車は，衝突による変形が終了するまでそのまま進行し，変形が終了してから，車体が起き上がり反対側に転倒擦過し，路外に飛び出したと推定される。

　B車は，センターラインを越えて走行するA車との衝突を避けるために，制動しながら車体を右に傾けて進行して衝突し，A車に押し戻されて転倒停止したと推定される。

(2) 各車両の制動開始地点及び衝突地点はどこか

　互いの車両が接触しても，互いの車両は運動を続けようとする。これが慣性の法則である。接触して衝突の衝撃の大きさに準じて，衝突部位が変形する。変形が終了するまで，互いの車両は運動を継続する。変形終了後，互いの車両は，移動を開始して飛び出す。

　写真14に示した，B車の短いタイヤ痕が印象されている付近が衝突地点である。B車の前部はA車の前部と衝突しているが，変形が終了するまで，A車は，それまでの運動を継続するから，衝突地点以後も，制動痕を印象できる。それは，A車の乗員は，右足を始点にして右前方に飛び出すから衝突後も短い時間，制動させることができると推定できる。B車の前輪は，衝突後，ハンドルが左に向けられ，タイヤが変形されるので，路面に短いタイヤ痕を印象させる。

　これらのことから，衝突地点は，**図1**の実況見分の交通事故現場見取図に示された長いスリップ痕上の⊗地点より若干先の地点であると推定される。

　実況見分の交通事故現場見取図に記載された長いスリップ痕が，A車のタイヤ痕と認められるから，制動痕の印象開始地点より手前の空走時間を考慮した地点が制動開始地点と認められる。B車の制動痕は認められないから，制動開始地点は特定できない。しかしながら，B車の後輪タイヤ表面の右側に制動した痕跡が認められるから，衝突を避けようと，右に車体を傾けて制動したと推定される。

(3) 制動開始直前及び衝突時の各車両の走行速度は時速何kmか

　仮に特定が困難な場合，被告車両が何kmならB車両が何kmというように，相対的関係を示す。

　衝突速度は，運動量保存則を適用することによって求められる。運動量保存則とは，物体の衝突前の運動量（質量×速度）の和は，物体の衝突後の運動量（質量×速度）の和と等しいという物理法則である。A車とB車の衝突角度は，153.7°である。衝突した2台の車両は，変形終了後に運動を変えて，それぞれの方向に飛び出す。よって，図面から，飛び出し角度を求め，擦過痕などから飛び出し速度を求めることができる。

　衝突角度，飛び出し角度及び衝突後の飛び出し速度が求められれば，運動量保存則を適用して衝突直前の速度が求められる。計算の結果，

　　A車の衝突速度は，約60.8km/h（16.9m/s）

　　B車の衝突速度は，約19.8km/h（5.5m/s）

と求められた。

　A車の後輪のスリップ痕長さが$L_0 = 5.9$mであるから，スリップ痕印象前の速度v_Aは，次式で表される。gは重力加速度9.8m/s²である。

$$v_A = \sqrt{v_A^2 + 2\mu_0 g L_0}$$

　ただし，μ_0は，A車の後輪制動の摩擦係数で0.43とする（前輪は制動させないとする）。

$$v_A = \sqrt{16.9^2 + 2 \times 0.43 \times 9.8 \times 5.9}$$

$$v_A = 18.3 \text{m/s}（65.9\text{km/h}）$$

A車は衝突後も運動を続けて転倒擦過して停止し，B車は衝突後，進行方向とは反対の方向に押し戻されて転倒停止しているから，A車の方が速度は速いと容易に推測され，計算結果に矛盾は認められなかった。

⑷　前項の各速度から

1)　被告車両（A車）が衝突地点に至るカーブ（$R=60$m）を自車線内で旋回することが可能であったか

　　$R=60$mの限界旋回速度V_{60}は，タイヤの摩擦係数を0.75〜0.85とすると，

$$V_{60}=\sqrt{\mu gR}=\sqrt{0.75\sim0.85\times9.8\times60}=21.0\sim22.4\text{m/s}$$
$$（75.6\sim80.6\text{km/h}）$$

となり，A車は速度18.3m/s（65.9km/h）で走行していたのであるから，A車は旋回可能である。

2)　B車が衝突地点手前のカーブ（$R=45$m）及びさらにその手前のカーブをいずれも自車線内で旋回することが可能であったか

　　$R=45$mの限界旋回速度V_{45}は，タイヤの摩擦係数を0.75〜0.85とすると，

$$V_{45}=\sqrt{\mu gR}=\sqrt{0.75\sim0.85\times9.8\times45}=18.2\sim19.4\text{m/s}$$
$$（65.5\sim69.8\text{km/h}）$$

となり，B車の衝突前の走行速度は不明であるが，衝突直前に速度を20km/h程度まで低下させられると考えられるから，旋回することは可能であると推定される。

⑸　衝突に至るまでの双方車両の走行経路又は走行態様

　　特に，被告車両（A車）がセンターラインをオーバーしていたとすることの合理性

　図4に示したように，A車は，カーブの内側である対向車線を車体を右に傾けて走行してカーブを飛び出した。B車を認めて急制動したことにより，右に傾いていたが，右に旋回せずに直進状態で衝突地点に向かったと推定される。B車は，A車を認めて，タイヤ表面の摩耗模様から右に車体を傾けて制動させたが，A車が自車線に戻る方向に進行したため，センターライン付近で左に旋回しようとして，車体がまっすぐ立ち上がり，その状態で，衝突したと推定される。

　A車が自車線で走行し，カーブで曲がるために右に車体を傾けて走行していたとするには，衝突地点付近ではすでに右旋回を終了し，左旋回のため，左に傾けようとする操作が必要で，A車が衝突地点で右に30°も傾けていたことは有り得ない。B車がセンターラインを越えて衝突したとするには，B車が左に傾き，A車がまっすぐ向いた状態で衝突する必要があるので，B車がセンターラインを越えて走行することは考えられない。

⑹　1)　衝突地点付近の長いスリップ痕は，被告車両のものか

　　　　衝突地点付近のタイヤ痕は，真新しく，その延長線上に擦過痕があり，さらに転倒停止したA車がある状態から，長いスリップ痕は，被告車両（A車）のものと考えるのが妥当である。

　　2)　被告車両（A車）のものである場合，前輪か，後輪か

　　二輪車の場合，制動タイヤ痕を長く印象できるのは，後輪だけである。前輪がロックすると，即座に転倒する。後輪は数秒程度ロックして走行することができ，これまでも多数の事故において後輪タイヤの長い制動痕が印象されている。よって，長いスリップ痕は，A車の後輪タイヤのものである。

3)　**被告車両のものである場合で，かつ，⑴において，被告車両が左右に傾いていたとした場合には，特に，車体の傾きと長いスリップ痕の印象との関係を明確にする**

　　二輪車の場合，タイヤがロックしないで車体が傾いている場合は，傾いている方に旋回する。それは，タイヤがキャンバスラストという横力を発生させるからである。旋回中にタイヤがロックした場合は，キャンバスラストが発生せず，運動が直線的なものとなる。したがって，A車が傾いていたとしても後輪タイヤがロックした時点で直進運動となり，タイヤ痕が直線状に印象される。ただし，事故を避けようと，A車が左にハンドルを切っていることも必要である。

3　裁判所の判断

　裁判所には，A車側からの鑑定も2通提出され，それぞれ証人尋問が行われた。裁判所の判断は，筆者の鑑定がいずれも矛盾なく説明がなされていることから，被告に損害賠償を支払うよう判決が下された。

4　まとめ

　本事例は，事故当事者双方の自動二輪車が残されていたことによって，正確に突合せができたことが事件解明のポイントであった。突合せができたこと，タイヤの表面を観察できたことは，鑑定に大きな役割を果たした。交通事故事件の捜査には，衝突車両の突合せが重要であることの再認識になれば幸いである。

第4章

二輪車対四輪車の事故

66

事例 4-1 一時停止義務のある直進する四輪車両と二輪車の出会い頭衝突事故
―直進する四輪車両は一時停止して発進したか否か―

本事件は，裁判所から鑑定を依頼された事件である。当初，科学捜査研究所が，両車両の衝突速度と直進する四輪車両の一時停止違反について簡易鑑定を行ったものであるが，裁判所が簡易鑑定の内容が不十分として，筆者に鑑定を依頼したものである。本事例は，二輪車事故の衝突地点の特定，衝突速度鑑定の見分をポイントとして述べる。

事件の概要

事件名は，被告人に対する道路交通法違反，自動車運転過失致死被告事件である。事件は，被告人運転車両が，午後5時10分頃信号機のない交差点において，一時停止表示があるにもかかわらず，一時停止を行わずに進入し，左方から進行してきた被害者運転自動二輪車と出会い頭に衝突し，被害者を死亡させたとされる事故である。被告人は，衝突事故を起こした後，逃走したものである。

1 鑑定項目

裁判所から依頼された鑑定項目を以下に示す。
(1) 本件事故衝突時における被告人運転車両の速度
(2) 被告人運転車両は本件事故現場で一時停止したか
(3) その他参考事項

2 警察の捜査による衝突の状況

図1に，交通事故現場見取図を示す。事故現場である交差点にはO方面にタイヤ痕が2メートル印象され，H方面にタイヤ痕が0.3メートル印象されていた。

O方面のタイヤ痕は，被告人車両が印象したものと認められ，H方面のタイヤ痕は，被害車両（二輪車）が印象したものと認められた。二輪車が前面から衝突した場合は，回転していた二輪車の前輪タイヤが自動車と接触したことによって，回転が止められて，前輪が押し込んだ自動車の変形が終了するまで進行するから，このような短いタイヤ痕が印象される。

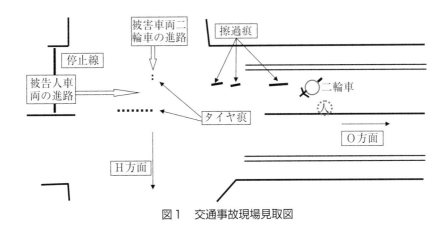

図1　交通事故現場見取図

　写真1は，被害車両の損傷状況を示している。被害車両は，前輪が後退し，軸間距離が縮小している。

写真1　被害車両の損傷状況

　写真2は，被告人車両の損傷状況を示している。被告人車両の左側面が凹損し，フロントガラスがくもの巣状に凹損している。

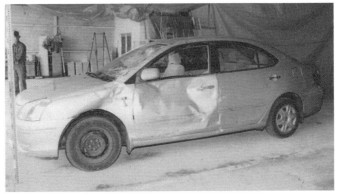

写真2　被告人車両の損傷状況

　写真3は，被害車両と被告人車両の衝突部位を突き合わせた状況である。両車両は，ほぼ直角に衝突し，被害車両の前輪が被告人車両の左前輪に衝突した。

写真3　被害車両と被告人車両の衝突部位を突き合わせた状況

　被害車両の前輪タイヤのトレッドパターンが，被告人車両の左前フェンダーにくっきり印象されていた。

　写真1及び写真2から，衝突地点付近のタイヤ痕は，互いに直角な方向に印象され，互いが直角に衝突したと認められた。

　写真4は，被害者が被告人車両と衝突している状況を突き合わせたものである。このとき，突合せによって，被害者のヘルメットが被告人車両のルーフに衝突したことが確認された。

写真4　被害者が被告人車両と衝突している状況

写真5は，被害車両の後輪が被告人車両の後部ドアに接触した痕跡を突き合わせたものである。

写真5　被害車両の後輪が被告人車両の後部ドアに接触した痕跡の突合せ

被害車両は，被告人車両の左後部ドアと二次衝突したのち，被告人車両に沿って進行し転倒擦過して停止した。被害者の頭部は被告人車両の前面ルーフに衝突し，被害者の身体は，被告人車両の側面と衝突したのち，被告人車両との摩擦によって被告人車両の進行方向に沿って移動しながら路面に落下して停止したと認められる。

衝突地点の特定のポイントは，前述の両車両の進行方向，タイヤ痕及び衝突角度を捜査することである。

3　科学捜査研究所の簡易鑑定

科学捜査研究所の簡易鑑定書は，**図2**に示すように，被害者の前輪タイヤの衝突位置と被害者の頭部の衝突位置から，衝突時の両車両の衝突速度は同一速度とした。

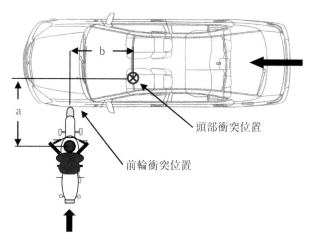

図2　被害者の前輪タイヤの衝突位置と被害者の頭部の衝突位置

また，**図3**に示すように，被害車両の軸間距離の縮小量D_{m}から，被害車両の衝突速度V_{A}を以下の式を用いて，衝突速度は約47.8km/hであると鑑定した。

$$V_{\mathrm{A}} = \frac{D_{\mathrm{m}}+8}{0.67}\ (\mathrm{km/h}) = \frac{24+8}{0.67} = 47.8\mathrm{km/h}\ (13.3\mathrm{m/s})$$

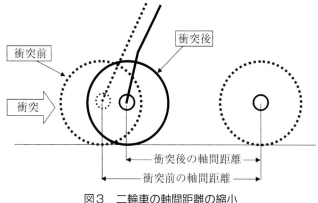

図3　二輪車の軸間距離の縮小

　しかしながら，この速度は，有効衝突速度と呼ばれ，剛体壁に衝突させたときの速度で，衝突速度ではない。

　科学捜査研究所の簡易鑑定では，これらの根拠をもって，被告人車両の衝突速度を約45km/h以上と認定し，一時停止義務違反であるとした。

4　検察の対応

　検察は，科学捜査研究所の簡易鑑定に基づいて起訴したものであった。

5　裁判所の対応

　科学捜査研究所の簡易鑑定に対して，弁護側が信用できないとして争ったため，裁判所は，筆者に鑑定を依頼した。

6　鑑定のポイント

(1)　本件事故衝突時における被告人運転車両の速度

　衝突速度を解析するために，運動量保存則とエネルギー保存則を用いるのが一般的である。運動量保存則は，次式で表される。

$$(m_A + Km_人)V_A\cos\beta_A + m_B V_B\cos\beta_B = m_A V_{slipA}\cos\alpha_A + m_B V_{slipB}\cos\alpha_B \quad\cdots\cdots\cdots\cdots 式(1)$$

$$(m_A + Km_人)V_A\sin\beta_A + m_B V_B\sin\beta_B = m_A V_{slipA}\sin\alpha_A + m_B V_{slipB}\sin\alpha_B \quad\cdots\cdots\cdots\cdots 式(2)$$

エネルギー保存則は，次式で表される。

$$\frac{1}{2}(m_A + Km_人)V_A^2 + \frac{1}{2}m_B V_B^2 = \frac{1}{2}m_A V_{barrierA}^2 + \frac{1}{2}m_B V_{barrierB}^2 + \frac{1}{2}m_A V_{slipA}^2$$

$$+ \frac{1}{2}m_B V_{slipB}^2 \quad\cdots\cdots\cdots\cdots\cdots\cdots\cdots\cdots\cdots\cdots 式(3)$$

ここで，記号を以下に示す。

V_A 　　　　＝被害車両の衝突速度

V_B 　　　　＝被告人車両の衝突速度

m_{A}　　　　＝被害車両の質量（129kg）

m_{B}　　　　＝被告人車両の質量（1,215kg＝45kg（被告人想定質量）＋1,170kg（車両））

$m_{\mathrm{人}}$　　　　＝被害車両乗員の質量（想定65kg）

α_{A}　　　　＝被害車両の衝突角度（0°）

α_{B}　　　　＝被告人車両の衝突角度（90°）

β_{A}　　　　＝被害車両の飛び出し角度

β_{B}　　　　＝被告人車両の飛び出し角度

V_{slipA}　　　＝被害車両の飛び出し速度

V_{slipB}　　　＝被告人車両の飛び出し速度

V_{barrierA}　　＝被害者のバリア換算速度

V_{barrierB}　　＝被告人車両のバリア換算速度

K　　　　　＝二輪車乗員の質量影響係数

Kは，タンクがつぶれていた場合は1/3，タンクがつぶれていなければ0（衝突時に腰が浮いているため，車両の変形や運動に影響しない）

ただし，被害車両の燃料タンクはつぶれていなかったため，$K = 0$とおいた。

　図4を参照して被告人車両及び被害車両の衝突角度及び衝突直後の飛び出し角度を考える。被害車両の衝突角度を0°とし，被告人車両の衝突角度を90°とする。衝突後の被害車両は，被告人車両の衝突前の進行方向に飛び出しているから，衝突直後の被害車両の飛び出し角度は，90°と考えることができる。被害者は衝突直後，被告人車両の側面に衝突しており，人は粘土と同様に衝突して反発しないから被告人車両とともに移動し，転倒した地点を被告人車両の左側面が通過したと推定することができ，被告人車両の衝突直後の飛び出し角度を約83°と考えることができる。

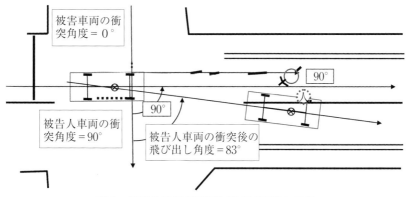

図4　衝突角度及び衝突直後の飛び出し角度

細かい計算は省略するが，以下のように衝突速度を考えた。

衝突速度の検討

運動量保存則の式(1)及び式(2)に，各数値を代入すると次式となる。

$$m_{\mathrm{A}} V_{\mathrm{A}} \cos 0° + m_{\mathrm{B}} V_{\mathrm{B}} \cos 90° = m_{\mathrm{A}} V_{\mathrm{slipA}} \cos 90° + m_{\mathrm{B}} V_{\mathrm{slipB}} \cos 83° \quad\cdots\cdots\cdots\cdots\cdots\cdots\text{式(4)}$$

$$m_{\mathrm{A}} V_{\mathrm{A}} \sin 0° + m_{\mathrm{B}} V_{\mathrm{B}} \sin 90° = m_{\mathrm{A}} V_{\mathrm{slipA}} \sin 90° + m_{\mathrm{B}} V_{\mathrm{slipB}} \sin 83° \quad\cdots\cdots\cdots\cdots\cdots\text{式(5)}$$

未知数は，V_{A}，V_{B}，V_{slipB}である。つまり，被告人車両は衝突直後に停止することなく逃走したため，被告人車両の衝突直後の飛び出し速度は求められないので，未知数が3個となる。したがって，式(4)及び式(5)だけでは，衝突速度は求められない。エネルギー保存則は，衝突位置が左前輪付近でタイヤがエネルギーを吸収し，バンパー高さの変形が小さいので，適用することはできない。

そこで，以下のように考えることとした。

式(4)は，次式となる。

$$m_{\mathrm{A}} V_{\mathrm{A}} = m_{\mathrm{B}} V_{\mathrm{slipB}} \cos 83° \quad\cdots\cdots\cdots\cdots\cdots\cdots\cdots\cdots\cdots\cdots\cdots\cdots\cdots\cdots\text{式(6)}$$

数値を代入すると次式を得る。

$$V_{\mathrm{A}} = \frac{m_{\mathrm{B}}}{m_{\mathrm{A}}} V_{\mathrm{slipB}} \cos 83° = \frac{1215}{129} \cos 83° \cdot V_{\mathrm{slipB}} = 1.15 \cdot V_{\mathrm{slipB}} \quad\cdots\cdots\cdots\cdots\cdots\cdots\text{式(7)}$$

ここで，V_{A}は，バリア換算（有効衝突）速度から13.3m/s以上の速度で衝突したと考えられるから，式(7)は，

$$V_{\mathrm{A}} = 1.15 \cdot V_{\mathrm{slipB}} > 13.3\mathrm{m/s}（47.8\mathrm{km/h}） \quad\cdots\cdots\cdots\cdots\cdots\cdots\cdots\cdots\cdots\cdots\text{式(8)}$$

となる。よって，被告人車両の飛び出し速度V_{slipB}は，次式を満足する必要がある。

$$V_{\mathrm{slipB}} > 11.6\mathrm{m/s}（41.8\mathrm{km/h}）\cdots\cdots\cdots\cdots\cdots\cdots\cdots\cdots\cdots\cdots\cdots\cdots\cdots\text{式(9)}$$

式(7)によって，被告人車両の衝突直後の飛び出し速度は，11.6m/s（41.8km/h）以上の速度であったと認められる。

次に被告人車両の速度を考察する。式(5)に数値を代入すると，次式となる。

$$m_{\mathrm{B}} V_{\mathrm{B}} = m_{\mathrm{A}} V_{\mathrm{slipA}} + m_{\mathrm{B}} V_{\mathrm{slipB}} \sin 83°$$

$$V_{\mathrm{slipB}} = \frac{m_{\mathrm{B}} V_{\mathrm{B}} - m_{\mathrm{A}} V_{\mathrm{slipA}}}{m_{\mathrm{B}} \sin 83°} = \frac{1215 \cdot V_{\mathrm{B}} - 129 \times 9.6}{1215 \times 0.993} = 1.01 \cdot V_{\mathrm{B}} - 1.03 \quad\cdots\cdots\cdots\cdots\text{式(10)}$$

同様に，被告人車両の衝突直後の飛び出し速度は11.6m/sより大きくなければならないから，次式が成り立つ。

$$V_{\mathrm{slipB}} = 1.01 \cdot V_{\mathrm{B}} - 1.03 > 11.6\mathrm{m/s}$$

$$V_{\mathrm{B}} > 12.5\mathrm{m/s}（45\mathrm{km/h}） \quad\cdots\cdots\cdots\cdots\cdots\cdots\cdots\cdots\cdots\cdots\cdots\cdots\cdots\cdots\text{式(11)}$$

式(7)と式(10)からV_{slipB}を消去すると，次式を得る。

$$0.871 \cdot V_{\mathrm{A}} = 1.01 \cdot V_{\mathrm{B}} - 1.03$$

よって，

$$V_{\mathrm{B}} = 0.862 \cdot V_{\mathrm{A}} + 1.02 \quad\cdots\cdots\cdots\cdots\cdots\cdots\cdots\cdots\cdots\cdots\cdots\cdots\cdots\cdots\cdots\text{式(12)}$$

となる。

この式は，被害車両の速度が大きくなると被告人車両の速度も大きくなり，被告人車両の衝突時の速度と，被害車両の衝突速度はほぼ同じ程度であることを示している。

以上から，被告人車両の衝突時の速度は，45km/h以上であり，被害車両の衝突時の速度

は，47.8km/h以上であると求めることができた。

　衝突後，被害者のヘルメットが被告人車両のルーフに衝突している。**図5**は，被告人車両のカタログによる三面図を示している。被害車両は，『自動車ガイドブック（Vol.51）』をコピーして寸法を合わせたものである。この図から，被害者の衝突瞬間の位置から被告人車両の衝突したルーフ位置は，約1,430mmと測定され，被害車両の前輪衝突位置から頭部衝突位置までの水平距離は，約1,250mmと計測された。その比は，式⑿で求められた被告人車両と被害車両の衝突速度の比とほぼ一致する。

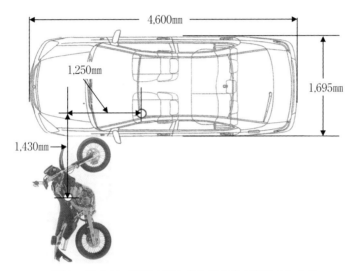

図5　被害者の頭部の衝突前と衝突後の距離の突合せ

　次に，被告人車両は，衝突直前にブレーキのスリップ痕を路面に印象している。よって，スリップ痕の印象開始地点の速度Vは，次式で表される。

$$\frac{1}{2}m_{\mathrm{B}}V^2 = \frac{1}{2}m_{\mathrm{B}}V_{\mathrm{B}}^2 + \mu m_{\mathrm{B}}gL_{\mathrm{B}}$$

　ここで，μは，すべり摩擦係数で，ABS装着車と考え0.85とする。また，L_{B}は，スリップ痕の長さ（2 m）である。よって，V_{B}をその最低の速度である12.5m/sと仮定すると，次式のように最低速度が求められる。

　　$V_{\mathrm{B}} = 13.8\mathrm{m/s}$（49.7km/h）

よって，被告人車両の衝突直前のスリップ痕印象開始地点の速度は，少なくとも49.7km/h以上であると認められた。

　検証として，ほぼ90°で衝突した場合，被告人車両の速度が20km/h以下であれば，被害車両は，少し被告人車両に連れられて行くが，バイクの後部が二度衝突することはない。**写真5**に示したように，前輪から衝突したバイクの後輪が被告人車両の後部に二度衝突していることは，被告人車両が相当速いことを示す証拠である。

⑵　被告人運転車両は本件事故現場で一時停止したか

　被告人の供述では，停止線及びその先1メートルのところでもう一度停止して交差点に

入ったと供述していた。ここでは，最初の停止線で停止して発進したとして，被告人車両が一時停止したか否かを検討する。

　図6は，停止線から衝突地点までの距離について示したものである。

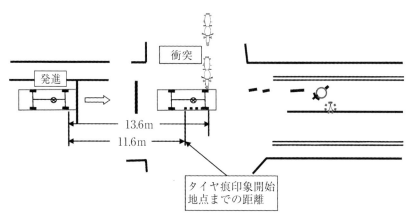

図6　停止線から衝突地点までの距離

　被告人車両が停止線で停止したのち，加速したときの加速度をαとし，スリップ痕印象開始地点までの距離をS（＝11.6m）とする。

　被告人車両の加速度αは，次式で表される。

$$\alpha = \frac{V^2}{2S} = \frac{13.8^2}{2 \times 11.6} = 8.2\mathrm{m/s^2}$$

　一般的に，エンジンの効率から考えて，急発進時の最大加速度は，マニュアル車で7m/s²程度，オートマチック車では3.5m/s²程度しか出ないといわれており，8.2m/s²もの加速度を出すことは不可能である。

　図7に，自動車技術会『自動車技術ハンドブック（基礎・理論編）』129頁に記載されている加速性能線図を示す。

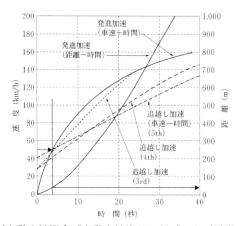

図7　加速性能線図（自動車技術会『自動車技術ハンドブック（基礎・理論編）』129頁より）

　この図から，急発進して速度49.7km/h（13.8m/s）になるためには，約 4 秒を要し，加速距離は約30mも必要であることが分かる。車両重量などによっても若干異なるが，大きく異なることはない。

　よって，被告人車両が，本件事故現場で一時停止したとは全く考えられない。

7　裁判所の判断

　裁判所は，被告人が一時停止しなかったことを認め，自動車運転過失致死罪により実刑の判決とした。

8　まとめ

　二輪車事故の速度鑑定は，難しいケースが多い。最近，コンピュータシミュレーションを用いて解析した例が裁判で示されている。痕跡から正しく解析できない鑑定人が闇雲にコンピュータに数値を代入し，都合のいい結果を出しているものがよくみられる。これは，代入した数値が正しく現場を反映していないもので，全く信用できない。路面痕跡や車両の凹損などを正しく計測し，事実を反映したもの以外，信用すべきではない。本事例で示したように，数値を正しく評価して数学的に解析される鑑定が普及することを期待する。

事例 4-2 鑑定困難な二輪車事故の速度解析について

　二輪車事故の形態は，直進する二輪車と右折する自動車の衝突や，自動車が車線変更時に後続する二輪車と衝突するなどが多い。二輪車事故は，痕跡が明確に残らないことや，二輪車の軸間距離の縮小などの変形が計算手法に適用されないものが多いことから，速度解析不能と処理されることも少なくない。

　そこで，本事例では，二輪車事故のうち，速度解析が困難とされる事故の速度算出方法について述べる。

1　解析事例1―車線変更時の衝突事故

事件の概要

　事故は，中型貨物自動車を運転していた被疑者が，片側2車線の第二車線を進行中，進路を第二車線から第一車線に変更したところ，第一車線を後続して走行していた自動二輪車と衝突したものである。

(1)　衝突の状況

　自動二輪車は，車線変更してきた中型貨物自動車に驚愕し，急制動したが，中型貨物自動車と衝突し，死亡したものである。自動二輪車は，被疑車両の左荷台部及び左後輪リムと衝突し，自動二輪車のフロントフォークが折損したため，軸間距離の縮小量から速度解析できるものではなかった。また，被疑車両の変形量がほとんど認められなかったため吸収エネルギーから速度算出することができず，自動二輪車が後輪に巻き込まれ，運動量保存則も適用できないものであった。

(2)　現場の痕跡図

　図1は，衝突状況とタイヤの痕跡図を示す。自動二輪車は，危険を感じてスリップ痕を印象させて衝突している。

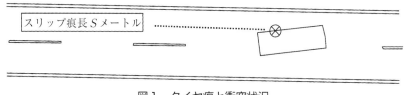

図1　タイヤ痕と衝突状況

　自動二輪車の制動安定性から，二輪車のライダーは，通常，前輪タイヤをロックすると即座に転倒するため，後輪ブレーキを強く踏むことが多く，路面に印象されるのは後輪タイヤ

痕である。もっとも自動二輪車の場合，後輪タイヤをロックさせても長く立って走行できるものではない。タイヤをロックさせてタイヤ痕を印象させて衝突したとすると，二輪車のライダーは，驚愕し強く制動操作しなければならない状況であったと認められる。

　この事案では，衝突状況などから運動量保存則やエネルギー保存則を用いて衝突速度を解析することは困難であった。

⑶　速度解析の方法

　タイヤをロックさせて衝突したとすると，自動二輪車のライダーは，驚愕し強く制動操作しなければならない状況であったと認められるから，被疑車両がハンドル操作して車線変更を開始したとき，後続車両である自動二輪車が危険を感じ，急制動したと考えることができる。

　本件の速度解析のポイントは，被疑車両の衝突に至るまでの運転状況の捜査である。被疑車両の走行速度や，いつ自動二輪車に危険を感じさせたかを明確にする必要がある。

　図2は，被疑者立会いによる実況見分調書の交通事故現場見取図である。

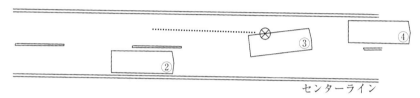

図2　被疑者立会いによる実況見分調書の交通事故現場見取図

　被疑車両は，左車線に進路変更しようと，②地点でハンドルを切り，相手と衝突したのは，⊗であると指示説明した。自動二輪車は，進路変更を開始した被疑車両に対して衝突の危険を感じて，路面にスリップ痕を印象させて被疑車両と衝突したと考えられる。

　図2に示した被疑者立会いによる実況見分調書を基本に，自動二輪車の衝突速度を解析する。被疑車両の走行速度は，秒速v（m/s）と考える（単位を統一するため秒速で表記する。）。被疑車両の速度は，被疑者の供述，タコチャート，目撃者などから特定する必要がある。被疑車両は，②地点で車線変更するためにハンドルを左に切り，②地点から衝突地点⊗までの距離はLmであった。

　図3は，想定される被疑車両と自動二輪車の位置関係を示したものである。

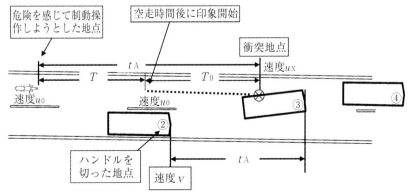

図3　衝突までの位置，時間，速度の関係

　自動二輪車の衝突速度，走行速度を解析する方法は，被疑車両が車線変更を開始して衝突するまでの時間と，自動二輪車が危険を感じて衝突するまでの時間が等しいという物理的関係から導くことにある。

　自動二輪車の走行速度を計算するために必要な距離，時間などを以下に整理する。

・被疑車両について

　被疑車両の②地点から衝突地点⊗までの距離をLmとする。被疑車両の速度は，vm/sである。被疑車両の②地点から衝突地点⊗までの進行時間t_Aは，$t_A = L/v$秒である。

・自動二輪車について

　自動二輪車のスリップ痕の長さをSmとする。自動二輪車のスリップ痕印象開始時の速度をu_0とし，衝突直前の速度をu_Xとする。自動二輪車が危険を感じて衝突するまでの時間は，t_Aである。

　被疑者が②地点でハンドルを切り，被疑車両の車体が左車線方向に向いたことによって被害者は危険を感じて，ブレーキを踏んだと考えることができる。被害車両のスリップ痕は，その長さから，後輪タイヤで印象させたと認められる。前輪タイヤをロックさせてスリップ痕を印象させた場合，すぐに転倒するからである。

　一般的に自動車の場合，危険を感じてブレーキを踏んで制動力が発生するまでの空走時間Tは，0.75秒と考えられている。ブレーキを踏むかどうかを考える反射時間が0.25秒，アクセルペダルからブレーキペダルに踏み換える時間が0.25秒，ブレーキペダルを踏み込む時間が0.25秒とされている。

　オートバイの後輪を強く制動させる場合，自動車とは異なり，足がブレーキペダルの上に常に位置しているので，踏み換え時間が不要である。したがって，オートバイにおいては，危険を感じてブレーキ痕が印象されるまでの空走時間Tは，$T = 0.5$秒とおける。

　自動二輪車が制動して速度がu_0からu_Xに減速したとすると，制動距離（スリップ痕長さS）と速度の関係は次式で表される。

$$S = \frac{u_0^2 - u_X^2}{2\mu g} \quad \cdots\cdots\cdots\cdots\cdots\cdots\cdots\cdots\cdots\cdots\cdots\cdots\cdots\cdots\cdots\cdots\text{式(1)}$$

　ただし，μはタイヤと路面間の摩擦係数で後輪だけ印象したから，μは後輪が0.8，前輪が0.4程度の摩擦係数を使用できるとしてトータル0.6程度と考えることが妥当である。また，gは重力加速度で9.8m/s^{2}である。

　次に，自動二輪車が制動して速度がu_0からu_Xに減速したときの時間T_0は，次式で表される。

$$T_0 = \frac{u_0 - u_X}{\mu g} \quad \cdots\cdots\cdots\cdots\cdots\cdots\cdots\cdots\cdots\cdots\cdots\cdots\cdots\cdots\cdots\cdots\cdots\text{式(2)}$$

　被疑車両が自動二輪車に危険を感じさせて衝突するまでの時間t_A秒と自動二輪車が危険を

感じて衝突するまでの時間は等しいから，次式が成り立つ。

$$t_A = T + T_0 \quad \cdots\cdots\cdots\cdots\cdots\cdots\cdots\cdots\cdots\cdots\cdots\cdots\cdots\cdots\cdots\cdots\cdots\cdots\cdots\cdots\cdots 式(3)$$

よって，自動二輪車がスリップ痕を印象させて衝突するまでの時間は，次式となる。

$$T_0 = t_A - T \quad \cdots\cdots\cdots\cdots\cdots\cdots\cdots\cdots\cdots\cdots\cdots\cdots\cdots\cdots\cdots\cdots\cdots\cdots\cdots\cdots 式(4)$$

式(4)を式(2)に代入してT_0を消去すると次式を得る。

$$u_0 - u_X = (t_A - T) \times \mu \times g \quad \cdots\cdots\cdots\cdots\cdots\cdots\cdots\cdots\cdots\cdots\cdots\cdots\cdots 式(5)$$

式(1)を変形して，

$$u_0^2 - u_X^2 = S \times 2\mu g \quad \cdots\cdots\cdots\cdots\cdots\cdots\cdots\cdots\cdots\cdots\cdots\cdots\cdots\cdots\cdots\cdots\cdots 式(6)$$

式(5)と式(6)を連立させることによって，自動二輪車の制動開始速度u_0及び衝突速度u_Xを求めることができる。

このようにして，車体変形などから解析できない二輪車事故の解析が可能である。

2　解析事例2—右折する自動車と直進する自動二輪車の衝突事故

事件の概要

　本事故は，被疑者が大型貨物自動車に被牽引車を牽引して運転し，道路を進行中，同所付近にある路外施設へ右折進入するに当たり，秒速約V（m/s）で右折した折，対向直進してきた自動二輪車と衝突し，自動二輪車の運転者が死亡した交通事故である。

⑴　衝突の状況

　図4は，交通事故現場見取図を示す。

　被疑車両が右折を開始したところ，対向車線を直進してきた自動二輪車と衝突した。自動二輪車は，右折を開始した被疑車両に危険を感じて急制動したが，被疑車両の左前面に衝突したものと認められる。

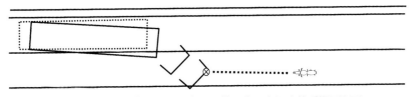

図4　被疑者立会いによる実況見分調書の交通事故現場見取図

　道路は，双方ともに見通しのよい直線道路である。自動二輪車のタイヤ痕は，Sm印象されており，その長さから後輪タイヤの制動痕であると認められる。また，自動二輪車が，被疑車両のバンパー部と衝突し，バンパーが大きく変形したが，自動二輪車の軸間距離の縮小量は大きいものではなかった。

　このような衝突事故は，多く発生する形態であり，大型トラックとの衝突では，大型トラックの飛び出し角度や変形など顕著な痕跡が認められないことから，自動二輪車の速度を解析することは難しい。

⑵　現場の痕跡

　図4に示したように，自動二輪車のスリップ痕が印象されていた（Smとする。）。二輪車の場合，前輪がロックするとすぐに転倒するから，スリップ痕は後輪によって印象されたと認められる。

⑶　速度解析の方法

　被疑車両の速度は，被疑車両が装着していたチャート紙から，被疑車両は減速しながら右折を開始し，衝突直前の速度がVm/sであると解析された。

　・衝突速度の解析

　　図5は，被疑車両がハンドルを切って衝突し停止するまでの状況及び自動二輪車が危険を感じ衝突し停止するまでの状況を図示したものである。

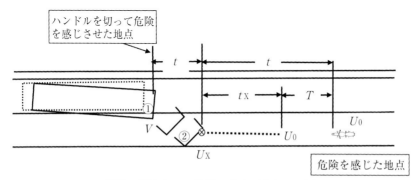

図5　衝突までの位置，時間，速度の関係

　ここで，被疑車両の走行速度及び衝突速度をVm/sとし，被疑車両が右折を開始した地点，つまり，自動二輪車に危険を感じさせた地点から衝突するまでの時間をtとする。①地点から②までの距離をLmとする。

　自動二輪車が危険を感じて衝突するまでの時間はtである。前述のとおり，自動二輪車の空走時間，つまり，危険を感じて制動操作を行い，ブレーキ痕を印象開始するまでの時間は，$T=0.5$秒である。

　自動二輪車の衝突速度をU_Xとし，自動二輪車が危険を感じて制動しようとしたときの走行速度をU_0とする。

　被疑車両が進行した距離がLであるから，被疑車両が右折を開始した地点から衝突するまでの時間tは，次式で表される。

$$t = \frac{L}{V} \quad\cdots\cdots\cdots\cdots\cdots\cdots\cdots\cdots\cdots\cdots\cdots\cdots\cdots\cdots\cdots\cdots\text{式}(7)$$

　自動二輪車が制動して速度がU_0からU_Xに減速したとすると，制動距離（スリップ痕長さS）と速度の関係は次式で表される。

$$S = \frac{U_0^2 - U_\mathrm{X}^2}{2\mu g} \quad\cdots\cdots\cdots\cdots\cdots\cdots\cdots\cdots\cdots\cdots\cdots\cdots\cdots\cdots\text{式}(8)$$

ただし，μはタイヤと路面間の摩擦係数で後輪だけ印象したから，μは後輪が0.8，前輪が0.4程度の摩擦係数を使用できるとしてトータル0.6程度と考える。また，gは重力加速度で9.8m/s^{2}である。

次に，自動二輪車が制動して速度がU_0からU_Xに減速したときの時間T_0は次式で表される。

$$T_0 = \frac{U_0 - U_X}{\mu g} \quad \cdots\cdots\cdots\cdots\cdots\cdots\cdots\cdots\cdots\cdots\cdots\cdots\cdots\cdots\cdots 式(9)$$

被疑車両が自動二輪車に危険を感じさせて衝突するまでの時間t秒と自動二輪車が危険を感じて衝突するまでの時間は等しいから，次式が成り立つ。

$$t = T_0 + T \quad \cdots\cdots\cdots\cdots\cdots\cdots\cdots\cdots\cdots\cdots\cdots\cdots\cdots\cdots\cdots\cdots\cdots 式(10)$$

よって，自動二輪車がスリップ痕を印象させて衝突するまでの時間は，次式となる。

$$T_0 = t - T \quad \cdots\cdots\cdots\cdots\cdots\cdots\cdots\cdots\cdots\cdots\cdots\cdots\cdots\cdots\cdots\cdots\cdots 式(11)$$

式(11)を式(9)に代入してt_Xを消去すると次式を得る。

$$U_0 - U_X = (t - T) \times \mu \times g \quad \cdots\cdots\cdots\cdots\cdots\cdots\cdots\cdots\cdots\cdots\cdots 式(12)$$

式(8)を変形して，

$$U_0^2 - U_X^2 = S \times 2\mu g \quad \cdots\cdots\cdots\cdots\cdots\cdots\cdots\cdots\cdots\cdots\cdots\cdots\cdots\cdots 式(13)$$

式(12)と式(13)を連立させることによって，自動二輪車の制動開始速度U_0及び衝突速度U_Xを求めることができる。

このようにして，車体変形などから解析できない二輪車事故の解析が可能である。

3　まとめ

自動二輪車と自動車の衝突事故において，自動二輪車の速度を明確にできず速度鑑定不能として，不起訴になった事案も多数あったと考えられる。しかしながら，物理法則を最大限利用することによって，厳密とまでいえずとも，信頼できる範囲で速度鑑定ができるものである。本事例で示した解析手法が事件の解明に役立つことを期待する。

82

事例 4-3 転倒擦過して衝突した二輪車事故の速度解析事例

　片側二車線道路で，第二通行帯を先行する車両が後方不確認のまま第一通行帯に進路変更したため，後方の第一通行帯を走行する二輪車ライダーが驚愕して急制動し，転倒擦過して加害車両と衝突するという事案がよくみられる。

　本事例は，事例4−2で紹介した二輪車事故の解析方法の適用実例について述べる。

・ 事故の概要 ・

　本事故は，被告人が中型貨物自動車（被告人車両と呼ぶ。）を運転し，国道の片側二車線の第二車線をS方面からK方面に向けて約50km/hで進行中，第二車線から第一車線に進路を変更するに当たり，安全不確認のまま，左にハンドルを転把して車線を変更したことにより，第一車線を走行していた後続車両である被害者運転の大型自動二輪車（被害車両と呼ぶ。）に驚愕の急制動措置を余儀なくさせ，被害車両は転倒擦過して被告人車両の後部に衝突し，被害者が死亡したものである。

1　警察の捜査

　図1は，被疑者立会いによる実況見分調書の交通事故現場見取図である。

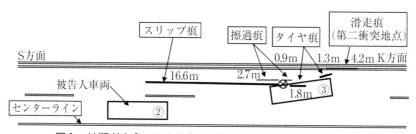

図1　被疑者立会いによる実況見分調書の交通事故現場見取図

　被告人は，サイドミラーで後方を確認し，ウインカーを出して②地点でハンドルを切って車線変更し，③で衝突したと指示説明した。ハンドルを切ったとされる地点のすぐ横に被害車両のスリップ痕が印象開始されている。このことから，被告人車両が進路変更を開始したとき，被害車両は衝突の危険を感じて，急制動措置を講じて路面にスリップ痕を印象させたと認められる。通常，二輪車は，転倒の危険性があるため，スリップ痕を印象させるほどブレーキを掛けることはない。スリップ痕を印象させていることから，被害者は極めて重大な危険を感じたと認められる。また，二輪車の前輪がロックした場合は，即座に転倒し，後輪タイヤがロックした場合は，数秒間で転倒する。本事例の場合，スリップ痕の長さから，後輪タイヤによって印象させたものと認められる。

　衝突の状況は，警察の捜査によって明らかにされていた。**写真1**は，被害車両の前輪右側フロントフォークと被告人車両の荷台左側の痕跡を突き合わせた状況である。被害車両のフロントフォークに青色塗料が付着し，荷台左側に擦過痕が認められた。

写真1　被害車両の前輪右側フロントフォークと被告人車両の荷台左側の突合せ

　写真2は，被告人車両の左後輪泥除けの後部と被害車両のフロントフォーク先端右側の突合せ状況である。

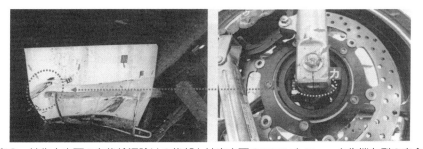

写真2　被告人車両の左後輪泥除けの後部と被害車両のフロントフォーク先端右側の突合せ

　写真3は，被告人車両の左後輪と被害車両のフロントホイール右側を突き合わせたものである。

写真3　被告人車両の左後輪と被害車両のフロントホイール右側の突合せ

　警察の突合せ捜査の結果，被告人車両が左方向に進路変更した際，後方から進行してきた被害車両が，被告人車両の左後輪付近に，若干左に倒れながら衝突したことが明らかにされ

た。これは，衝突地点の手前から被害車両のスリップ痕が16.6m印象され，衝突地点付近に左に倒れたときの擦過痕が路面に印象されていることからも確認される。

　このように，被害車両は被告人車両に前輪から強く衝突したわけではない。フロントフォークが正面から荷台に強く当たっていないにもかかわらずフロントフォークが折損しているのは，最初の衝突以外の要因によるものと認められる。本事例の衝突形態では，速度が相当に高速度であったとしても，フロントフォークが折損することは考えられない。

　衝突直後，被害車両は，**写真4**に示されるように，左に転倒した。

写真4　衝突直後の被害車両の状況

　衝突後，被害車両の前輪は，被告人車両の左後輪の回転に伴って，被告人車両の左後輪の回転に巻き込まれ荷台下方と左後輪タイヤの間に挟まれて，被告人車両の車底部に潜り込んだ状態になったことが，痕跡の突合せによって確認された。よって，被害車両の前面部の損傷は強い衝突によって生じたものではなく，被告人車両の左後輪と荷台下部に挟まれて車底部に潜り込み，引きずられたこと，その後，第二衝突地点のガードレールと衝突したことなどによって生じたものであると認められた。

　このような衝突状況の事案では，エネルギー保存則や運動量保存則を適用して衝突速度を求めることはできない。

2　検察の対応

　検察は，被告人が後方を確認したうえで車線変更し，被害車両が猛スピードで衝突したと一貫して主張したことから，被害車両の走行速度を鑑定する必要があった。検察が科学捜査研究所に鑑定を依頼したが，科学捜査研究所では，このような事案における速度解析はできないと回答したため，検察は，筆者に被害車両の走行速度の鑑定を依頼した。

　鑑定項目は，以下のとおりである。

⑴　被害車両のスリップ痕印象開始時の速度及び衝突直前の速度

⑵　被害者の衝突状況（被告人が第二車線から第一車線に進路変更したことにより，被害者が急制動の措置を余儀なくされ，本件事故に至ったといえるか。被告人の車線変更と被害

者の衝突とに因果関係が認められるか否か。）

3　鑑定経過と鑑定結果

⑴　被害車両のスリップ痕印象開始時の速度及び衝突直前の速度

　図2に示すように，前述の被告人立会いによる実況見分調書を基にして被害車両の衝突速度を解析した。被告人車両の走行速度は，被告人の一貫した供述から約50km/h（13.9m/s）と考えた。被告人車両が，車線変更するためにハンドルを左に切った地点は②地点である。

　被害車両の走行速度を計算するために必要な距離，時間などを以下に整理する。

　②地点から③地点までの距離Lは，$L=20$mである。

　被告人車両の速度vは，$v=13.9$m/sである。

　被告人車両の②地点から③地点までの進行時間t_Aは，$t_A=L/v=20/13.9=1.44$秒である。

　被害車両のスリップ痕の長さSは，$S=16.6$mである。

　被害車両のスリップ痕印象開始時の速度をu_0とし，衝突直前の速度をu_Xとする。

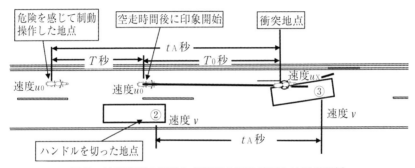

図2　被害車両の制動から衝突までの時間と位置の関係

　被告人が②地点でハンドルを切り，被告人車両の車体が左車線方向に向いたことによって被害者が危険を感じ，ブレーキを踏んだと考えることができる。

　一般的に自動車の場合，危険を感じてブレーキを踏んで制動力が発生するまでの空走時間は，0.75秒と考えられている。その内訳は，ブレーキを踏むかどうかを考える反射時間が0.25秒，アクセルペダルからブレーキペダルに踏み換える時間が0.25秒，ブレーキペダルを踏み込む時間が0.25秒とされている。

　オートバイの後輪を強く制動させる場合，自動車とは異なり，足がブレーキペダルの上に常に位置しているので，踏み換え時間が不要である。したがって，オートバイにおいては，危険を感じてブレーキ痕が印象されるまでの空走時間Tは，$T=0.5$秒とおける。

　二輪車の衝突速度，走行速度を解析する方法は，自動車が車線変更を開始して衝突するまでの時間と，二輪車が危険を感じてスリップ痕を印象させて衝突するまでの時間が等しいという物理的関係から導くことにある。この考え方は，他の自動車事故にも用いることができる有用な方法である。

被害車両が制動して速度がu_0からu_Xに減速したとすると，スリップ痕の長さSと速度の関係は次式で表される。

$$S = \frac{u_0^2 - u_X^2}{2\mu g} \quad \cdots\cdots\cdots\cdots\cdots\cdots\cdots\cdots\cdots\cdots\cdots\cdots\cdots\cdots\cdots\cdots\cdots\cdots\cdots 式(1)$$

ただし，μはタイヤと路面間の摩擦係数である。後輪のロック時の摩擦係数を0.8とし，前輪のタイヤ痕は認められないので制動していないとした場合を$\mu = 0.4$とし，前輪の制動を転倒しない程度使ったとして$\mu = 0.6$として計算する。また，gは重力加速度で9.8m/s^{2}である。

次に被害車両が制動して速度がu_0からu_Xに減速したときの時間T_0は次式で表される。

$$T_0 = \frac{u_0 - u_X}{\mu g} \quad \cdots\cdots\cdots\cdots\cdots\cdots\cdots\cdots\cdots\cdots\cdots\cdots\cdots\cdots\cdots\cdots\cdots\cdots 式(2)$$

被告人車両が車線変更を開始して衝突するまでの時間$t_A = 1.44$秒は，被害車両が危険を感じて衝突するまでの時間，つまり，被害車両の制動の空走時間にスリップ痕を印象した時間を加えた時間と等しいから，次式が成り立つ。

$$t_A = T + T_0 \quad \cdots\cdots\cdots\cdots\cdots\cdots\cdots\cdots\cdots\cdots\cdots\cdots\cdots\cdots\cdots\cdots\cdots\cdots 式(3)$$

よって，被害車両がスリップ痕を印象させて衝突するまでの時間は，次式となる。

$$T_0 = t_A - T = 1.44 - 0.5 = 0.94秒 \quad \cdots\cdots\cdots\cdots\cdots\cdots\cdots\cdots\cdots\cdots 式(4)$$

式(4)を式(2)に代入してT_0を消去すると次式を得る。

$$u_0 - u_X = T_0 \times \mu \times g = 0.94 \times (0.4 \sim 0.6) \times 9.8 = 3.68 \sim 5.53 \quad \cdots\cdots\cdots 式(5)$$

式(1)を変形して，

$$u_0^2 - u_X^2 = S \times 2\mu g = 16.6 \times 2 \times (0.4 \sim 0.6) \times 9.8 = 130.1 \sim 195.2 \quad \cdots\cdots\cdots 式(6)$$

式(5)と式(6)を連立させることによって，速度u_0及びu_Xを求めることができる。

よって，被害車両の各速度は，以下となる。

スリップ痕印象開始時の速度

$$u_0 = 19.5 \sim 20.4 \text{m/s}（70.2 \sim 73.5 \text{km/h}） \quad \cdots\cdots\cdots\cdots\cdots\cdots\cdots\cdots 式(7)$$

衝突直前の速度

$$u_X = 15.8 \sim 14.9 \text{m/s}（56.9 \sim 53.6 \text{km/h}） \quad \cdots\cdots\cdots\cdots\cdots\cdots\cdots\cdots 式(8)$$

⑵　被害者の衝突状況（被告人が第二車線から第一車線に進路変更したことにより，被害者が急制動の措置を余儀なくされ，本件事故に至ったといえるか。被告人の車線変更と被害者の衝突とに因果関係が認められるか否か）

被告人車両が，車線変更のためハンドルを左に切った地点②に対して，被害車両は，空走時間の関係からスリップ痕の印象開始地点より後方に0.5秒×（19.5〜20.4）m = 9.75〜10.2mの位置にいたことになる。

図3の交通事故現場見取図に，被告人車両が車線変更した地点と被害車両が危険を感じた地点の位置関係を示す。

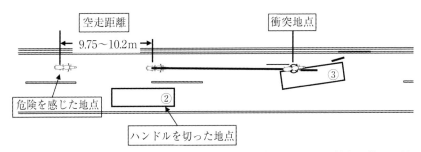

図3　被告人車両が車線変更した地点と被害車両が危険を感じた地点の位置関係

　図3に示したように，被告人車両がハンドルを切って車線変更を開始した地点と被害車両の位置関係は，被告人車両の運転席から被害車両の中心までの距離を図面上で実測すると，約13mに満たない距離である。したがって，被告人車両は，後方の約13mしか離れていない位置を被害車両が走行しているにもかかわらず，ハンドルを左に切って車線変更したと認められる。

　たとえば，被害車両の速度が80km/h（22.2m/s）であったとしても，スリップ痕の印象開始地点に対して，空走距離は22.2m/s×0.5秒=11.1mとなり，70km/hで走行していたときの9.75mと大きな差異はない。つまり，被告人車両がハンドルを切って車線変更を開始した地点は，自車の後方10m付近に被害車両が走行していた位置関係であり，これほど近い距離の後方に走行車両がいるにもかかわらず，車線変更を開始したとなれば，後方を走行する車両にとっては急制動の措置を余儀なくされる状況となり，本件事故に至ったと考えるのが妥当である。

　よって，被告人の車線変更と被害者の衝突とに因果関係が認められると結論付けた。

4　弁護側の主張

　弁護側は，鑑定人を立て筆者の鑑定に対する鑑定書を提出した。それによると，フロントフォークの折損は，被害車両が衝突したことによるものと判断して，被害車両の走行速度を98〜138km/hと鑑定した。フロントフォークの折損の状況は，最初の衝突によって折損したものであり，筆者の鑑定方法では被害車両の速度を断定できない。そして，被害車両が，常識では考え難い高速度で走行してきたと主張した。

5　第1審の裁判所の判断

　弁護側鑑定について，最初の衝突によってフロントフォークが折損したと結論付けたのは，衝突状況から妥当ではない。また，100km/hもの速度でフロントフォークが折損するほどの衝突にしては，被告人が衝撃を全く感じなかったと供述するなど，弁護側鑑定書は信用できないとして退けた。裁判所は，被告人の過失を認め，禁錮1年4か月，執行猶予3年とする判決を下した。

6 弁護側の控訴と高裁の判断

　被告人は，弁護人を変え判決を不服として控訴した。控訴理由は，筆者の鑑定が信用できないこと，被害車両の走行車線は，はじめ第二車線であり，第一車線に変更して被告人車両を追い抜こうと加速して車線変更したところ，折しも車線変更した被告人車両と衝突したもので，被告人は無罪であると主張し，新たな鑑定書を提出した。

　高裁は，原審判決の認定判断を不合理とすべき点は見当たらないと結論した。高裁に提出した弁護側鑑定書は，第一車線側からの追い越しによって被害車両が被告人車両と衝突したものであると主張した点は，さまざまな客観的状況と整合せず，弁護側鑑定の信用性には，重大な疑義があると言わざるを得ないとして，控訴を棄却した。

7 まとめ

　これまでの方法は，運動量保存則やエネルギー保存則で速度を算出するもので，本事例の場合，被告人車両の凹損による吸収エネルギーが不明であること，被害車両の軸間距離の縮小量が最初の衝突で不明であることから，エネルギー保存則が適用できない。さらに，衝突後，被害車両が飛び出していないこと，被告人車両の衝突直後の飛び出し角や速度変化が求められないことから，運動量保存則も適用できない。したがって，従来の方法では，被害車両の速度を算出することはできない。

　二輪車が，スリップ痕を印象させるほどの急制動を掛けざるを得ない場合は，緊急事態であり，本事例で示した計算方法を適用することは妥当と考える。本事例のような事案への物理的な論理の適用は，警察の緻密な捜査がなされ，十分な整合性を得ることではじめて信頼性の高いものと認められるものである。本事例が捜査の一助になれば幸いである。

事例 4-4　直進する二人乗り自動二輪車と右折する自動車の衝突事故解析

　本事例では，直進する二人乗り自動二輪車と右折する自動車の衝突事故解析について，警視庁交通鑑識基礎講座における委託事業により実施した結果から述べる。本事例のポイントは，自動二輪車の乗員の質量が車両変形及び衝突速度に及ぼす影響を明らかにすることである。

1　直進する二人乗り自動二輪車と右折する自動車の衝突事故解析

⑴　衝突実験

　衝突実験は，一般財団法人日本自動車研究所　衝突実験場で実施した。

⑵　衝突形態

　右折する普通乗用自動車の側面に，直進する二人乗り自動二輪車が衝突した形態とする。

　図1は，普通乗用自動車（B車）と直進する二人乗り自動二輪車（A車）の衝突形態を示す。

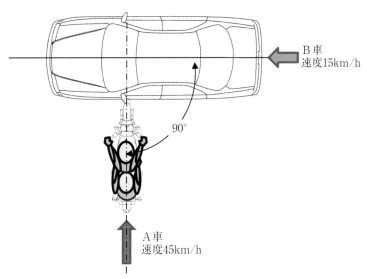

90°

B車
速度15km/h

A車
速度45km/h

図1　普通乗用自動車（B車）と直進する自動二輪車（A車）の衝突形態

⑶　衝突速度

　　普通乗用自動車　　15km/h

　　自動二輪車　　　　45km/h

⑷ 実験車両の諸元

　自動二輪車をA車，普通乗用自動車をB車とした。実験車両の諸元を表1に示す。

表1　実験車両の諸元

項　目	A車（自動二輪車）	B車（普通乗用自動車）
車名	スズキ　GSF1200P	トヨタ　クレスタ
車両形式	BC-GV75C	GF-GX100
質量（kg）	234	1,306
全長（cm）	219	476
全幅（cm）	88	175
ホイールベース（cm）	149	272.5
フロントオーバーハング（cm）	－	86
乗員ダミー	2名 （身長175cm　体重78kg）	なし

2　A車の衝突前の状況

　写真1は，A車の衝突前の状況である。

写真1　A車の衝突前の状況

3　B車の衝突前の状況

　写真2は，B車の衝突前の状況である。

写真2　B車の衝突前の状況

4　A車とB車の衝突前の突合せ

写真3は，想定する衝突の突合せを示す。

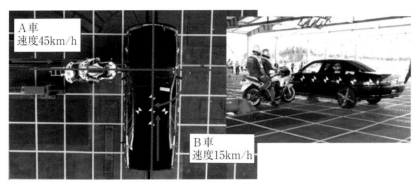

写真3　想定する衝突の突合せ

5　衝突及び衝突後の状況

写真4は，両車両の衝突後の停止状況を撮影したものである。

A車の後部乗員がB車のルーフを越えて転倒停止している。

写真4　両車両の衝突後の停止状況

写真5は，B車の前方から撮影した衝突状況を示している。

写真5　B車の前方から撮影した衝突状況

写真6は，上方から撮影した衝突状況を示している。

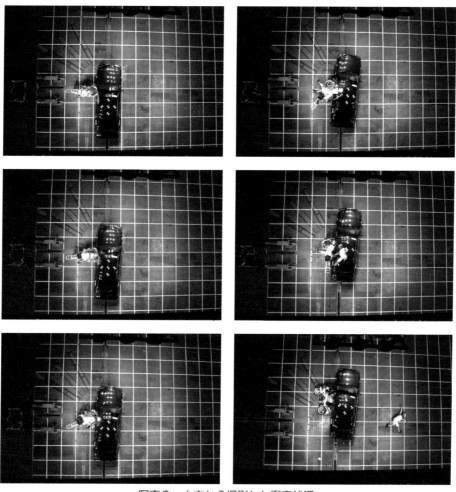

写真6　上方から撮影した衝突状況

6　A車の損傷状況

写真7は，A車の損傷状況を示す。損傷状況は，以下のとおりである。

衝突前　　　　　　　　　　　　　　　　　衝突後

写真7　A車の損傷状況

- 前部カウルが破損している。
- ヘッドライトが脱落している。
- 前輪と後輪の軸間距離が押し込まれ縮小している。
- 座席前端後端にそれぞれ前後方向の擦過がある。
- 燃料タンクが凹損している（**写真8**）。

写真8　燃料タンクの凹損

7　B車の損傷状況

　写真9は，B車の損傷状況を示す。損傷の状況は，以下のとおりである。
- 左助手席ドア及びサイドシルに白色塗膜の付着，及びトレッドの印象を伴う凹損が認められる。
- 左ドアミラーが脱落している。
- 左前部ドアガラスが破損している。
- 左後部ドアに白色塗膜の付着を伴う擦過が認められる。

写真9　B車の損傷状況

8　路面痕跡

　図2に路面痕跡見取図を示す。路面にはB車の制動痕が4条とA車前輪のタイヤ痕1条が印象されていた。最も長い制動痕はB車右前輪の痕跡の1.9mであった。

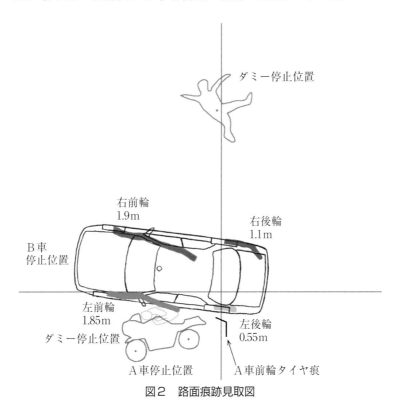

図2　路面痕跡見取図

　A車の前輪のタイヤ痕は，左方向に「く」の字に印象されており，その長さは0.55mであった。後輪は印象されなかった。

9　衝突速度（$V_A \cdot V_B$）を求める計算式

　衝突速度は，衝突前の運動量の和が衝突後の運動量の和に等しいとする「運動量保存則」と，衝突前のエネルギーの総和が衝突後のエネルギーの総和に等しいとする「エネルギー保存則」の連立を用いて衝突速度を算出する。運動量保存則及びエネルギー保存則は，次式で表される。

＊　運動量保存則

　ア　X軸方向

$$(m_A + Km_人)V_A \cos\beta_A + m_B V_B \cos\beta_B = m_A V_{slipA} \cos\alpha_A + m_B V_{slipB} \cos\alpha_B \quad \text{…………式(1)}$$

　イ　Y軸方向

$$(m_A + Km_人)V_A \sin\beta_A + m_B V_B \sin\beta_B = m_A V_{slipA} \sin\alpha_A + m_B V_{slipB} \sin\alpha_B \quad \text{…………式(2)}$$

＊　エネルギー保存則

$$\frac{1}{2}(m_A + Km_人)V_A^2 + \frac{1}{2}m_B V_B^2$$

$$= \frac{1}{2}(m_A + Km_人)V_{barrierA}^2 + \frac{1}{2}m_B V_{barrierB}^2 + \frac{1}{2}m_A V_{slipA}^2 + \frac{1}{2}m_B V_{slipB}^2 \quad \cdots\cdots\cdots 式(3)$$

ここで，記号は以下のようである。

V_A ＝ A車（二輪車）の衝突速度

V_B ＝ B車（自動車）の衝突速度

m_A ＝ A車（二輪車）の質量

m_B ＝ B車（自動車）の質量

$m_人$ ＝ A車（二輪車）乗員の質量（78kg×2名＝156kg）

β_A ＝ A車（二輪車）の衝突角度

β_B ＝ B車（自動車）の衝突角度

α_A ＝ A車（二輪車）の飛び出し角度

α_B ＝ B車（自動車）の飛び出し角度

V_{slipA} ＝ A車（二輪車）の飛び出し速度

V_{slipB} ＝ B車（自動車）の飛び出し速度

$V_{barrierA}$ ＝ A車（二輪車）の有効衝突速度（バリア換算速度）

$V_{barrierB}$ ＝ B車（自動車）の有効衝突速度（バリア換算速度）

さらに，Kは，A車（二輪車）乗員の質量影響係数で，Kは，一人乗りの場合，燃料タンクがつぶれていれば，1/3となる。燃料タンクがつぶれていない場合は，二輪車乗員が二輪車を押し込まないため，二輪車乗員の影響がなくなるため，$K = 0$となる。本事例では，二人乗りであるから，Kの値をいくらに設定すべきか検討した。

衝突後の二輪車の乗員は，一般的に自動車と衝突し，その場に落下するだけで移動がない場合，衝突後の運動エネルギーは考えない。二輪車乗員が衝突後，擦過して遠くに移動している場合は，運動を考慮する必要がある。

⑴　衝突地点及び衝突角度の特定

写真10は，衝突地点及び衝突地点に印象されたA車前輪の「く」の字のタイヤ痕を示す。

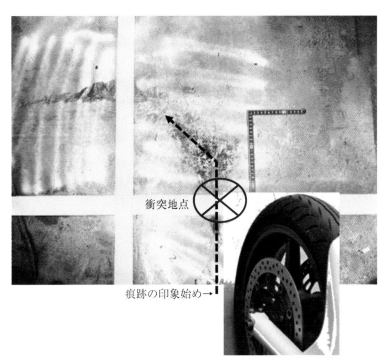

衝突地点

痕跡の印象始め→

写真10　衝突地点とA車前輪の「く」の字のタイヤ痕

　写真10に示したように，A車の前輪のタイヤ痕から衝突地点が求められる。

　A車のタイヤ痕の印象開始地点が衝突時のA車の前輪タイヤの接地面であるから，A車の前輪タイヤ痕の印象開始地点からタイヤの半径の距離先がB車の側面で衝突地点である。A車のタイヤ痕が「く」の字に曲がり始めた地点が変形終了後の飛び出し開始を意味している。

　衝突角度は，路面の痕跡及び車両の凹損状況を突き合わせることによって特定できる。衝突車両同士の突合せから，衝突角度は，A車進路を基準として$\beta_A = 0°$として，相対的にB車は$\beta_B = 90°$と特定された。

⑵　衝突直後の飛び出し角度の特定

・　A車の衝突直後の飛び出し角度（α_A）の特定

　A車はB車と衝突後，前輪がB車のドア部を凹損させ，変形終了後，B車は，右前方に押し出され，A車の前輪は，B車を右前方に押し出しながらB車の飛び出し方向に追従し，その後A車とB車は離れてそれぞれの方向に飛び出していく。

　写真11は，路面に印象されたA車の前輪タイヤ痕をA車と突き合わせて移動させた状況を示す。前輪の横滑り痕の印象から二輪車重心の移動方向を求めると，A車進路を基準としてA車の飛び出し角度（α_A）は約35°と特定された。

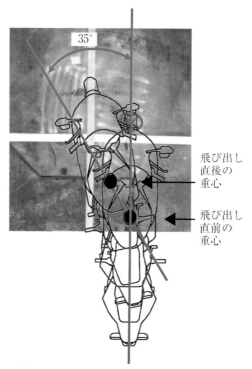

写真11　A車の前輪タイヤ痕とA車の移動状況の突合せ

・　B車の衝突直後の飛び出し角度（α_B）の特定

　B車の飛び出し角度は，二つの路面痕跡から求めることができる。

　一つは，B車（自動車）のタイヤ痕から求める方法である。

　写真12は，B車のタイヤ痕を示す。このタイヤ痕とB車の挙動を突き合わせて重心移動の角度を求めることによって，B車の飛び出し角度を求めることができる。

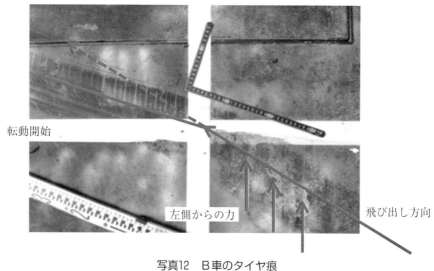

写真12　B車のタイヤ痕

　写真13は，B車のタイヤ痕から重心の移動と飛び出し角度を求めたものである。その結果，B車の飛び出し角度は，64°と求められた。

　もう一つは，A車（二輪車）が路面に印象したタイヤ痕から求める方法である。

　写真14は，A車前輪のタイヤ痕を示す。A車前輪は，変形終了後，B車の飛び出し方向にともに移動するから，A車のタイヤ痕の「く」の字になった角度を測定することによって，B車の飛び出し角度を求めることができる。

　一般的に，右折する自動車は，二輪車に気付かずに衝突するから，二輪車との衝突後に制動するため，衝突直後のタイヤ痕を印象しない。よって，自動車の飛び出し角度は，二輪車のタイヤ痕から求めるしか方法がない。

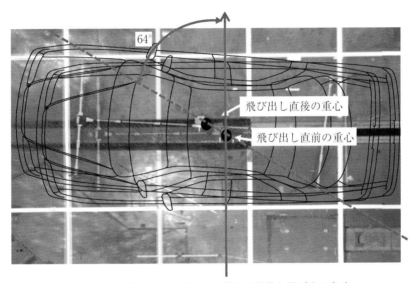

写真13　B車のタイヤ痕による重心の移動と飛び出し角度

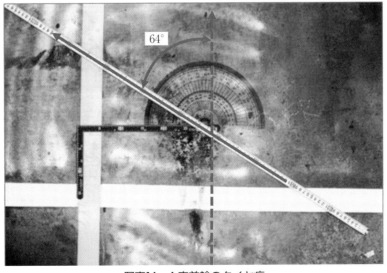

写真14　A車前輪のタイヤ痕

⑶　衝突直後の飛び出し速度の算出

・　Ａ車の飛び出し速度（V_{slipA}）

　Ａ車前輪タイヤ痕は，$L_{A1}=0.75$mである。Ａ車は，Ｂ車と衝突後，Ｂ車進行方向に引っ張られるように左方向に転倒したが，特に滑走していないことから，滑走距離はなく衝突地点に転倒したと考えた。

　車両全質量を$m_A=390$kg，前輪質量を$m_{A1}=132$kgとすると，飛び出し速度は次式で求められる。ただし，摩擦係数（μ_{A1}）は0.8とし，gは重力加速度（9.8m/s²）である。

$$\frac{1}{2}m_A V_{\text{slipA}}^2 = \mu_{A1} m_{A1} g L_{A1}$$

よって，

$$V_{\text{slipA}} = \sqrt{\frac{2\mu_{A1} m_{A1} g L_{A1}}{m_A}}$$

$$= \sqrt{\frac{2\times0.8\times132\times9.8\times0.75}{390}}$$

$$= 2.0\text{m/s}$$

とＡ車の飛び出し速度が算出された。

・　Ｂ車の飛び出し速度（V_{slipB}）

　Ｂ車のタイヤ痕は，右前輪1.9m，左前輪1.85m，右後輪1.1m，左後輪0.55mが印象されていた。タイヤ痕のうち最も長い1.9mをL_Bとし，摩擦係数（μ）は，0.8とした。

　Ｂ車の飛び出し速度は，次式で求められる。

$$\frac{1}{2}m_B V_{\text{slipB}}^2 = \mu m_B g L_B$$

よって，

$$V_{\text{slipB}} = \sqrt{2\times0.8\times9.8\times1.9}$$

$$= 5.4\text{m/s}$$

と求められる。

⑷　有効衝突速度（バリア換算速度）の算出

・　Ａ車の有効衝突速度（バリア換算速度）（V_{barrierA}）

　二輪車の有効衝突速度は，二輪車の前面衝突による前軸と後軸の軸間距離の縮小量D_mを計測して求める。軸間距離の縮小量は，左右の軸間距離を測定し，その平均縮小量をD_mとする。

　図３は，Ａ車の軸間距離の縮小量を示す。

衝突前　　　　　　　　　　　　　　衝突後

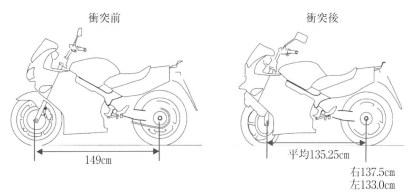

149cm

平均135.25cm

右137.5cm
左133.0cm

図3　A車軸間距離の縮小量

A車の軸間距離の平均変形量（縮小量）は13.75cmと計測された。

有効衝突速度V_e（km/h）は，次式から求められる。

$$V_e = \frac{D_m + 13.3}{0.8}$$

よって，

$$V_e = V_{barrierA} = \frac{13.75 + 13.3}{0.8} = 33.81\text{km/h}（9.4\text{m/s}）$$

とA車の有効衝突速度（バリア換算速度）が算出された。

・　B車の有効衝突速度（バリア換算速度）（$V_{barrierB}$）

バリア換算表を使い，B車が吸収した1m当たりのエネルギーの総和を求める。

写真15は，B車の左側面の変形を示す。

写真15　B車の左側面の変形

　図4は，B車の変形状況である。B車のバリア換算速度を算出するため，車体の変形量を測定する。この車両図は，A車の衝突により変形した状況を図化したものである。

　図5は，B車の側面のエネルギー吸収分布図に変形量を記載したものである。

- ・　エネルギー吸収分布図は全長5mで作成されているため，図化した車両図を拡大してエネルギー吸収分布図に合わせる。
- ・　車両前端から10cmごとにバンパーラインの高さにおける車両左端からの変形量をメジャー等で計測する。
- ・　エネルギー吸収分布図に変形量を記入する。
- ・　エネルギー吸収分布図に書かれた数値を合計する。

数値の合計は，

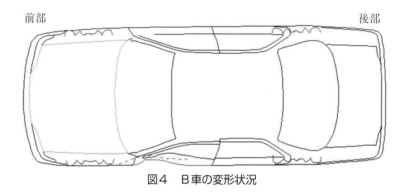

図4　B車の変形状況

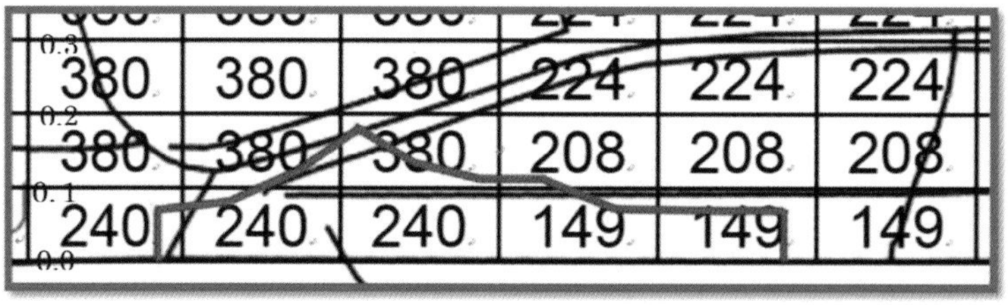

図5　B車の側面のエネルギー吸収分布図に変形量を記載

　$(240×0.1)＋(240×0.9)＋(380×0.2)＋(240×1)$
　$＋(380×0.5)＋(149×0.9)＋(208×0.1)＋(149×0.7)$
　$＝1005.2（kgf/5m）$

と得られる。

　なお，本実験では，バンパーラインとサイドシルが同等程度に変形していたので，サイドシルの左端から変形量を計測した。バンパーラインよりサイドシルの方が硬質であるので，計算された数値の総和を1.3倍する。

　$1005.2×1.3 ＝ 1306.76（kgf/5m）$

　B車（自動車）の吸収エネルギー（$E_{barrierB}$）は，次式で与えられる。

$$E_{\text{barrierB}} = 変形部の総和 \times 車長/5 \times 9.8$$

$$E_{\text{barrierB}} = 1306.76 \times 4.76/5 \times 9.8$$

$$= 12191.5481 \;(\text{J})$$

$$V_{\text{barrierB}} = \sqrt{\frac{2 \times E_{\text{barrierB}}}{車両の質量}}$$

$$V_{\text{barrierB}} = \sqrt{\frac{2 \times 12191.5481}{1306}}$$

$$= 4.3\text{m/s}\;(15.48\text{km/h})$$

(5)　衝突速度の算出

　　得られた衝突速度の計算に必要なパラメータを表2に示す。

表2　衝突速度の計算に必要なパラメータ

	A車（二輪車）		B車（自動車）	
質量（kg）	m_A	234	m_B	1,306
ダミー一体（kg）		78		
衝突角度（deg）	β_A	0	β_B	90
飛び出し角度（deg）	α_A	35	α_B	64
飛び出し速度（m/s）	V_{slipA}	2.0	V_{slipB}	5.4
有効衝突速度（m/s）	V_{barrierA}	9.4	V_{ballierB}	4.3

　　式(1)からA車の衝突速度を算出する。式(1)に表2の数値を代入すると，

　　　　$\beta_A = 0°$ から$\cos\beta_A = 1$，$\alpha_A = 35°$ から$\cos\alpha_A = 0.82$　である。

　　　　$\beta_B = 90°$ から$\cos\beta_B = 0$，$\alpha_B = 64°$ から$\cos\alpha_B = 0.44$　である。

　　　　$\beta_A = 0°$ から$\sin\beta_A = 0$，$\alpha_A = 35°$ から$\sin\alpha_A = 0.57$　である。

　　　　$\beta_B = 90°$ から$\sin\beta_B = 1$，$\alpha_B = 64°$ から$\sin\alpha_B = 0.90$　である。

　　二人乗り自動二輪車乗員の質量の影響係数について検討する。

　　燃料タンクに凹損があるため，二輪車乗員の質量の影響が存在する。**写真16**及び**写真17**は，一人乗り及び二人乗り自動二輪車の衝突状況を示す。

104

写真16　一人乗り自動二輪車の衝突状況

写真17　二人乗り自動二輪車の衝突状況

　写真18及び写真19は，一人乗り及び二人乗り自動二輪車の燃料タンクの凹損状況を示す。二人乗りの自動二輪車の燃料タンクの凹損が大きいことが分かる。

写真18　燃料タンクの凹損（一人乗り）

写真19　燃料タンクの凹損（二人乗り）

式⑵に各数値を代入する。

$$(m_A + Km_人)V_A \sin\beta_A + m_B V_B \sin\beta_B = m_A V_{slipA} \sin\alpha_A + m_B V_{slipB} \sin\alpha_B$$

よって，

$$1306 V_B = 6613.92$$

$$V_B \fallingdotseq 5.1\mathrm{m/s}\ (18.36\mathrm{km/h})$$

となる。

ここで，乗車人数の影響を検討する。

まず，式(3)に前部に乗車した者の質量だけが影響するとして，$m_人=78$kgとし，$K=1/3$を代入して計算する。

$$\frac{1}{2}\left(234+78\times\frac{1}{3}\right)V_A^2+\frac{1}{2}\times1306\times5.1^2$$

$$=\frac{1}{2}\times\left(234+78\times\frac{1}{3}\right)\times9.4^2+\frac{1}{2}\times1306\times4.3^2+\frac{1}{2}\times234\times2^2\times1306\times5.4^2$$

よって，

$$V_A=14.2\text{m/s}\ (51.12\text{km/h})$$

を得る。

次に，式(3)に2人の質量を考慮して，$m_人=2\times78$kgとし，$K=1/3$を代入して計算すると，次式となる。

$$V_A=13.8\text{m/s}\ (49.68\text{km/h})$$

実験値は，$V_A=45.42$km/hであるから，二人乗りの場合は，2人の質量の1/3とする方が実験値に近いことが分かる。

そこで，Kを2人の質量の1/3として，衝突速度を計算すると，運動量保存則及びエネルギー保存則から，表3のように求められる。

表3　衝突速度の計算結果

	衝突速度	
	A車（二輪車）	B車（自動車）
運動量保存則(1)式 × 運動量保存則(2)式	12.2m/s（43.92km/h）	5.1m/s（18.36km/h）
運動量保存則(1)式 × エネルギー保存則(3)式	12.2m/s（43.92km/h）	5.9m/s（20.16km/h）
運動量保存則(2)式 × エネルギー保存則(3)式	13.8m/s（49.68km/h）	5.1m/s（18.36km/h）

表4は，実験値と計算値の比較を示す。

表4から，計算値と実験値とは，よく一致していることが分かる。よって，二人乗りの場合でも，自動二輪車の乗員の質量の影響は，近似的に全乗員の1/3の質量が影響していると考えられる。

表4　実験値と計算値

	計算値	実験値
二輪車	43.92km/h 49.68km/h	45.42km/h
自動車	18.36km/h 20.16km/h	14.80km/h

10 二輪車の速度と自動車の衝突速度比

　次に，A車とB車の衝突部位の突合せ及びA車乗員ダミーのヘルメットとB車の衝突部位の突合せ状況を写真20に示す。

写真20　ヘルメットの衝突部位の突合せと距離

　この写真から，ヘルメット前端と自動車のサイドルーフまでの距離は，134cmであり，サイドシルの二輪車のタイヤ痕位置とサイドルーフまでの距離は，水平に44cmと測定される。距離の比は，134：44で，0.33となる。実際の衝突速度比は，45：15で0.33である。よく一致することが分かる。事故の現場では，衝突速度を把握するために，このように距離の比を求めることは有効である。

11 まとめ

　二人乗り自動二輪車の事故解析において，乗員質量の影響係数は，一人乗りの自動二輪車事故解析と同様に，$K=1/3$と置けることが明らかになった。また，自動二輪車の前輪のタイヤが印象する「く」の字のタイヤ痕の意味する重要性を理解していただきたい。

　本実験解析は，警視庁交通鑑識基礎講座における委託事業によって実験が実施され，警視庁交通捜査課交通鑑識係員とともに解析されたものである。

第5章

四輪車の事故

事例 5-1　高速度で走行したことにより車両の制御を失った交通事故
—限界旋回速度を超えた事故か太鼓橋をジャンプしたための事故か—

　カーブした道路を高速度で走行したために車両の制御を失って，事故になったとして捜査していたものが，科学捜査研究所から限界旋回速度に達していないとの速度鑑定の結果が出された事件について述べる。

事件の概要

　本事故は，被告人が午後11時25分頃，進路前方に上りと下り勾配のある太鼓橋があり，その先が湾曲する道路において，高速度で普通乗用自動車を走行させたことにより，下り勾配で車体がジャンプして着地したことによって，自車の走行を制御できずに横滑りさせて道路左の電柱に激突し，自車同乗者を死亡させたものである。

1　警察の捜査

　図1は，交通事故現場見取図を示す。

　警察本部交通部は，道路がカーブしていたので，被告人車両が高速度で走行して制御を失って横滑りし，電柱に衝突した事故として，危険運転致死事件の適用を視野に捜査した。

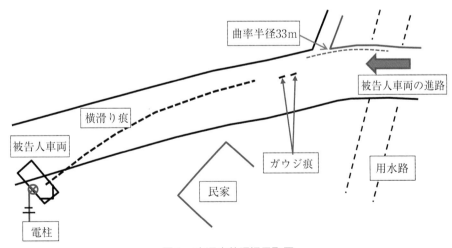

図1　交通事故現場見取図

　図2は，交通部が捜査した横滑り痕の印象開始付近の曲率半径を示している。横滑り痕印象開始付近の曲率半径は，73mと計測された。

　路面に円弧状の横滑りタイヤ痕が印象されていた場合，円弧の曲率半径をRとし，タイヤと路面間の横滑り摩擦係数をμ_sとすると，限界旋回速度V_cは，次式で与えられる。

$$V_\mathrm{C} = \sqrt{\mu_\mathrm{S} g R} \cdots\cdots\cdots\cdots\cdots\cdots\cdots\cdots\cdots\cdots\cdots\cdots\cdots\cdots\cdots\text{式(1)}$$

ただし，gは重力加速度（9.8m/s²）である。

　乾燥路面のタイヤと路面間の横滑り摩擦係数μ_Sは，縦滑り摩擦係数を0.7とすると，次式で与えられる。0.08及び0.97は，実験による係数である。

$$\mu_\mathrm{S} = 0.7 \times 0.97 + 0.08 = 0.76 \cdots\cdots\cdots\cdots\cdots\cdots\cdots\cdots\cdots\cdots\cdots\text{式(2)}$$

　道路右端の道路の最も小さな曲率半径は，33mと計測された（**図1**に記載）。この曲率半径における限界旋回速度は，次式から，

$$V_\mathrm{C} = \sqrt{\mu_\mathrm{S} g R} = \sqrt{0.76 \times 9.8 \times 33} = 15.7\mathrm{m/s}（56.4\mathrm{km/h}）\cdots\cdots\cdots\cdots\text{式(3)}$$

と求められた。

　実際の横滑り痕の曲率半径から求められる限界旋回速度は，

$$V_\mathrm{C} = \sqrt{\mu_\mathrm{S} g R} = \sqrt{0.76 \times 9.8 \times 73} = 23.3\mathrm{m/s}（83.9\mathrm{km/h}）\cdots\cdots\cdots\cdots\text{式(4)}$$

と求められた。

　一方，路面には，ガウジ痕が印象されていた。用水路の橋の端から飛び出して着地したとすると，路面に車底部が接触しガウジ痕が印象される。

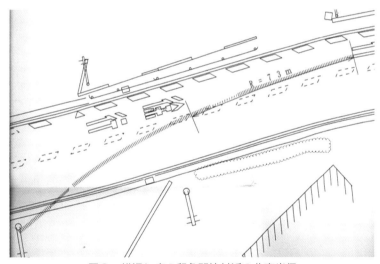

図2　横滑り痕の印象開始付近の曲率半径

　写真1は，路面に印象された
ガウジ痕を示す。

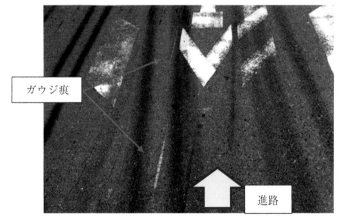

写真1　路面に印象されたガウジ痕

　写真２は，被告人車両の車底部前部付近のエキゾーストパイプに印象された擦過痕を示す。写真３は，被告人車両後部のフック最下端部に印象された擦過痕を示す。これらの擦過痕は，路面と擦過したことによって印象されたもので，路面には，ガウジ痕として印象されたと認められた。

写真２　車底部前部付近のエキゾーストパイプ　　　写真３　車両後部のフック最下端部

　用水路の橋の端からガウジ痕までの距離Ｘは，10.37mと計測され，落差hは0.84mと計測された。水平に橋の端から，飛び出した場合，橋の端から飛び出した速度をV_Hとすると次式で与えられる。

$$V_\mathrm{H} = \mathrm{X}\sqrt{\frac{g}{2h}} = 10.37 \times \sqrt{\frac{9.8}{2 \times 0.84}} = 25.0\mathrm{m/s}\ (90.1\mathrm{km/h}) \quad\cdots\cdots\cdots\cdots\cdots\cdots 式(5)$$

　交通部の捜査においては，道路右端の曲率半径の速度が式(3)から56.4km/hであり，横滑り痕からの速度は式(4)から83.9km/h，式(5)の橋の端から飛翔した距離から求められた速度は90.1km/hと高いことから，限界速度を超えて走行したことにより事故が起きたとして捜査したものであった。

　交通部は，科学捜査研究所にガウジ痕の印象開始時の速度鑑定及び事故現場道路の湾曲する部分の限界旋回速度の鑑定を依頼した。鑑定の結果，ガウジ痕印象開始時の速度を横滑り痕から式(4)と同様に，約84km/hであるとした。さらに，現場道路の湾曲する部分の限界旋回速度については，道路の曲率半径を被告人車両進路の左端で測定し，図３に示すように，R=107mとして，限界旋回速度は101.6km/hであると鑑定した。

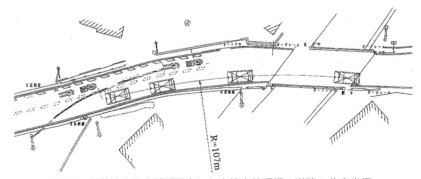

図３　科学捜査研究所が認定した本件事故現場の道路の曲率半径

2　検察の対応

　交通部の捜査において，本件事故現場道路の曲率半径の認定が交通部と科学捜査研究所の鑑定とが異なるものであるため，筆者に以下の鑑定を依頼した。

　　鑑定項目
⑴　被告人の運転状況・本件事故状況
⑵　被告人運転車両の走行速度
⑶　本件道路の湾曲部分の限界旋回速度
⑷　本件道路の橋を通過したときの被告人運転車両の状況

3　鑑定経過

⑴　被告人の運転状況・本件事故状況

　写真４は，被告人車両が橋に向かう進路方向を撮影したものである。橋に至る直前まで，道路は狭いＳ字状の道路になっている。被告人車両が橋に入る直前では，左に切った状態から右に切る状態で橋に進入する運転操作が必要となるものであった。

写真４　被告人車両が橋に向かう進路方向と進路

　写真5は，S字の左カーブから右カーブに差し掛かった状況を示し，**写真6**は，橋の手前の状況を示す。橋の手前は，上りのきつい道路になっていることが分かる。

写真5　右カーブに差し掛かった状況　　　　　写真6　橋の手前の状況

　写真7は，橋の直前の地点から橋の向こうの進路の見通しを撮影したものである。被告人車両は，右にハンドルを切りながら橋に進行し，橋の前方が下り左カーブになっていることから左にハンドル操作しなければならない道路状況である。

　写真8は，橋の上からの見通し状況を示す。橋から先は，大きな落差が認められる。

写真7　橋の直前地点からの進路見通し　　　　写真8　橋の上からの見通し状況

　写真9は，橋の終点付近から見通した下り左カーブの状況を示す。道路の見通し状況から，橋を通過するとすぐに右のブロック塀が迫り，左にハンドルを操作しなければならない。また，前述の**写真1**に示したとおり，被告人車両が橋を渡り終えた直後に通過した路面には，ガウジ痕が印象されていた。このことから，被告人車両は橋を通過した後，橋との高低差により，着地したときに大きくバウンドしたと認められる。

写真9　橋の終点付近からの見通し

　写真10は，横滑り痕を示す。被告人車両は，着地して大きくバウンドしながら，ハンドルを大きく左に切ったことから，横滑りし，路面に横滑り痕を印象させた。被告人車両は，左に横滑りしながら，道路左の電柱に向かい衝突したと認められる。

　写真11は，被告人車両が橋を渡った直後の見通しと走行状況を示す。被告人車両は，橋を渡った直後にハンドルを左に大きく切ってバウンドして着地し，ガウジ痕を印象させ，左に横滑りしながら道路左の電柱に衝突したと認められる。

写真10　被告人車両が印象させた路面の横滑り痕

写真11　被告人車両が橋を渡った直後の見通しと走行状況

　写真12及び写真13は，被告人車両の停止状況（左側面及び右側面）を示す。被告人車両の右側面は，電柱と衝突して大きく変形している。

写真12　被告人車両の停止状況（左側面）　　写真13　被告人車両の停止状況（右側面）

　よって，被告人車両は，用水路にかかる橋に急な上りと下り勾配があり，いわゆる太鼓橋になっている橋を高速で走行し，大きく上下にバウンドした状態で着地して，着地した地点が左に湾曲する道路のためハンドルを左に切ったが，高速度で走行していたため，自車の走行を制御できずに横滑りさせて，道路左の電柱に激突したと認められた。

⑵　被告人運転車両の走行速度

　交通部の捜査では，被告人車両が印象させた横滑り痕の最初の円弧の曲率半径は73mと測定されている。

　ただし，この曲率半径は，タイヤ痕印象開始地点から10m間の円弧の曲率半径である。よって，タイヤ痕印象開始地点から5m地点（10mの中間点）の限界旋回速度を意味する。したがって，横滑り痕印象開始地点の速度は，この速度より高速である。横滑り痕を1本だけ，長さ$L=5$m印象させた摩擦仕事は，次式で表される。

$$W = \frac{1}{4} \mu_s mgL \quad \cdots\cdots\cdots\cdots\cdots\cdots\cdots\cdots\cdots\cdots\cdots\cdots\cdots\cdots\cdots\cdots\cdots\cdots\text{式}(6)$$

ただし，mは車両の質量である。

　タイヤ痕印象開始地点の速度をV_Xとすると，次式のエネルギー保存則から，

$$\frac{1}{2}mV_X^2 = \frac{1}{2}mV_C^2 + \frac{1}{4} \mu_s mgL \quad \cdots\cdots\cdots\cdots\cdots\cdots\cdots\cdots\cdots\cdots\cdots\cdots\text{式}(7)$$

が成り立つ。よって，

$$\frac{1}{2}mV_X^2 = \frac{1}{2}mV_C^2 + \mu_s mgL = \frac{1}{2} \times m \times 23.3^2 + 0.76 \times m \times 9.8 \times 5$$

$$V_X = \sqrt{23.3^2 + \frac{2 \times 0.76 \times 9.8 \times 5}{4}} = 23.7\text{m/s}（85.3\text{km/h}）\quad \cdots\cdots\cdots\cdots\text{式}(8)$$

となる。式(8)において4で除しているのは，横滑り痕が1本だけ印象されているからである。さらに，被告人車両は，横滑りする直前に，ガウジ痕を印象させているから，被告人車両の走行速度は，式(6)より若干速い走行速度となる。

⑶　本件道路の湾曲部分の限界旋回速度

　本件道路の曲率半径がR_Sの湾曲した道路の限界旋回速度は，式(1)で求められる。本件道路を真上から見て，しかも太鼓橋の急な上り下りがないと考えると，科学捜査研究所の鑑定

どおり，道路の左側を走行するとして，曲率半径が$R = 107$mと測定され，限界旋回速度は約101.6km/hと求められる。

　ただし，この速度は，路面に凹凸がなく平坦で一様な道路の場合の限界旋回速度である。現実に，太鼓橋となっていて，高低差が大きなこの用水路の橋を，101.6km/hもの高速度で走行できるとは考えられない。したがって，本件事故道路における限界旋回速度は，101.6km/hよりはるかに低い速度であり，本件の道路では，一般的な限界旋回速度を求める式(7)は，適用できない。

⑷　本件道路の橋を通過したときの被告人運転車両の状況

　被告人車両は，橋を通過する前に，狭い道路をS字状に走行する必要がある。橋を通過する直前は上り勾配であり，橋の上では比較的平坦な状態となって，橋の出口から急激に下り勾配になっている。

　図4は，橋付近の高低差を図化したものである。

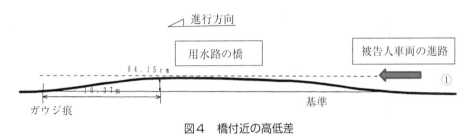

図4　橋付近の高低差

　この図から，基準地点をガウジ痕の地点として最大高さは84.15cmと計測されている。また，最高点から，ガウジ痕までの距離は10.37mである。

　被告人車両が通過した走行位置を考慮して，警察が捜査した橋の前後の勾配図では，被告人車両が橋に進入する際の上り勾配は，8％であり，橋を通過して下る場合は，9％である。

　上りが8％の上り勾配であるから，その角度θ_Uは，

$$\theta_U = \tan^{-1} 0.08 = 4.57° \quad\text{………………………………………………式(9)}$$

であり，下り勾配9％の角度θ_Dは，

$$\theta_D = \tan^{-1} 0.09 = 5.14° \quad\text{………………………………………………式(10)}$$

である。

　角度θで斜めに投げ上げられた物体は，放物線を描いて運動する。この運動は，図5のような放物運動である。

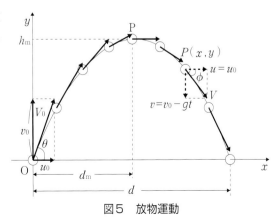

図5　放物運動

初速度V_0の水平成分をu_0，鉛直成分をv_0，時間t秒後の速度Vの水平成分をu，鉛直成分をvとする。また，V_0及びVが水平方向となす角をθ及びϕとする。さらに，gを重力加速度（9.8m/s^2）とする。

初速度の水平及び鉛直成分は，次式となる。

$\quad$水平成分 $\quad u_0 = V_0 \cos \theta$，鉛直成分 $\quad v_0 = V_0 \sin \theta$ $\cdots\cdots\cdots\cdots\cdots\cdots\cdots\cdots\cdots\cdots\cdots$式(11)

時間t秒後の速度は，次式となる。

$$\begin{cases} 水平成分 \quad u = u_0 = V_0 \cos \theta \\ 鉛直成分 \quad v = v_0 - gt = V_0 \sin \theta - gt \end{cases}$$ $\cdots\cdots\cdots\cdots\cdots\cdots\cdots\cdots\cdots$式(12)

速度の大きさは，次式で表される。

$$V = \sqrt{u^2 + v^2}$$ $\cdots\cdots\cdots\cdots\cdots\cdots\cdots\cdots\cdots\cdots\cdots\cdots\cdots\cdots\cdots\cdots\cdots$式(13)

速度の方向は，次式で表される。

$$\tan \phi = \frac{v}{u} = \frac{V_0 \sin \theta - gt}{V_0 \cos \theta}$$ $\cdots\cdots\cdots\cdots\cdots\cdots\cdots\cdots\cdots\cdots$式(14)

時間t秒後の座標は次式となる。

$$\begin{cases} 水平成分 \quad x = u_0 t = V_0 \cos \theta t \\ 鉛直成分 \quad y = v_0 t - \frac{1}{2} g t^2 = V_0 \sin \theta t - \frac{1}{2} g t^2 \end{cases}$$ $\cdots\cdots\cdots\cdots$式(15)

最高点までの到達時間は，次式で表される。

$$t_\mathrm{m} = \frac{v_0}{g} = \frac{V_0}{g} \sin \theta$$ $\cdots\cdots\cdots\cdots\cdots\cdots\cdots\cdots\cdots\cdots\cdots\cdots\cdots$式(16)

最高点の高さは，次式で表される。

$$h_\mathrm{m} = u_0 t_\mathrm{m} - \frac{1}{2} g t m^2 = \frac{v_0^2}{2g} = \frac{V_0^2 \sin^2 \theta}{2g}$$ $\cdots\cdots\cdots\cdots\cdots\cdots$式(17)

最高点の水平距離は，次式となる。

$$d_\mathrm{m} = u_0 t_\mathrm{m} = V_0 \cos \theta \frac{V_0 \sin \theta}{g}$$ $\cdots\cdots\cdots\cdots\cdots\cdots\cdots\cdots$式(18)

水平到達距離は，次式で表される。

$$d = 2 d_\mathrm{m}$$ $\cdots\cdots\cdots\cdots\cdots\cdots\cdots\cdots\cdots\cdots\cdots\cdots\cdots\cdots\cdots\cdots\cdots$式(19)

これら(11)～(19)までの式は，物理の基礎式である。

被告人車両は，橋の手前の上り勾配でジャンプするものと認められる。**図5**を参照して，被告人車両の走行速度を式(8)から$V_\mathrm{X} = 23.7$m/sとして，式(9)から飛び上がり角度θ_Uを4.57°，最大到達高さをh_m，最大到達地点の水平距離をd_mとして走行状態を検討する。

$\theta_\mathrm{U} = 4.57$° で被告人車両が上方に飛び出したとすると，最大到達高さは，

$$h_\mathrm{m} = \frac{V_0^2 \sin^2 \theta_\mathrm{U}}{2g} = \frac{23.7^2 \times \sin^2 4.57°}{2 \times 9.8} = 0.182\mathrm{m}$$ $\cdots\cdots\cdots\cdots\cdots$式(20)

となる。

最大到達点の水平距離は，

$$d_{\mathrm{m}} = V_0 \cos\theta_{\mathrm{U}} \frac{V_0 \sin\theta_{\mathrm{U}}}{g} = \frac{23.7^2 \times \sin(2\times4.57°)}{2\times9.8} = 4.55\mathrm{m} \cdots\cdots 式(21)$$

橋の長さは，12mであるから，被告人車両が橋の直前に上方に飛び出したとしても，橋の上に着地し，高さも18cm以下である。したがって，橋の上で着地しバウンドして橋をまっすぐ進行し，橋からほぼ平行に飛び出したと考えられる。橋の上及び手前には，ガウジ痕などが印象されていないから橋の上や橋の手前でのバウンドは大きなものでないと認められる。

その後，被告人車両は橋の上から水平に飛び出したと考えられる。水平方向に飛び出した時の水平到達距離Sは，hを高低差（0.8415m），速度をV_0とすると次式で与えられる。

$$S = V_0\sqrt{\frac{2h}{g}} = 23.7 \times \sqrt{\frac{2\times0.8415}{9.8}} = 9.82\mathrm{m} \cdots\cdots 式(22)$$

橋の出口から，ガウジ痕の印象開始地点までの距離は，10.37mと計測されている。ガウジ痕は，前述のように，被告人車両の車底部前部付近のエキゾーストパイプ及び車両後部のフック最下端部が路面に接触したことによるものである。

被告人車両の全長は，3.695mである。重心点運動を考えると，計算で得られた水平到達距離9.82mとガウジ痕が計測された10.37mとよく一致している。

したがって，被告人車両が走行していた速度は，約23.7m/s（85.3km/h）であると認められる。被告人車両は，約23.7m/s（85.3km/h）の速度で，橋の出口から水平に飛び出し，飛翔して路面にガウジ痕を印象させた。橋の出口から路面までの高低差は大きく84.15cmであり，被告人車両が飛翔中，サスペンションが完全に伸び切り，着地した時には，大きくバウンドしてサスペンションが底付きし，車体の前部及び後部が路面に接触し，ガウジ痕を印象させたため，被告人車両はハンドル操作やブレーキ操作で制御できない，極めて危険な状態となったものである。

被告人は，シートベルトを装着せずに運転していたため，バウンドした影響は大きいものであったと認められた。被告人は橋を走行しているとき，橋の先が左カーブになっているため，正面にブロック塀が見え，ハンドルを左に切ったが，路面に着地したときサスペンションが底付きするほど大きくバウンドしたこと及び高速度であったことによって正常な運転操作もできない状態になった。そのことによって，車両を制御できない状態となり，左に車体を逸脱させ，電柱に衝突したものと認められる。

⑸　その他参考となる事項

写真14及び写真15は，被告人車両の横滑り痕及び横滑り痕と車両の進行方向を示したものである。写真15から，車両の進行方向に対して，タイヤは，左に向いており，ハンドルが大きく左に切られていたと認められる。

118

写真14　被告人車両の横滑り痕

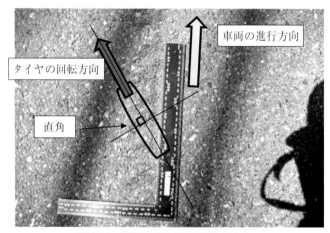

車両の進行方向

タイヤの回転方向

直角

写真15　横滑り痕と車両の進行方向
注：横滑り痕の横筋に対してタイヤは直角方向に向いていたことを表す。

　写真16は，被告人車両が横滑りし電柱に衝突した直前のタイヤ痕の印象状況を示す。被告人車両は，横滑りしながら電柱に衝突している。タイヤの向きと車両の進行方向をみると，写真15に示したように，最初から同じようにハンドルを左に切ったまま電柱に衝突したことが認められる。一般的に，道路の右から左方向に電柱に向いて横滑りして進行した場合，衝突前に逆にハンドルを切っていることが多い。しかしながら，被告人車両は，橋から電柱に衝突するまで，左にハンドルを切ったままの状態であり，高速度で大きくバウンドしたことにより，電柱との衝突を避けるなどの車両の運動を制御できる運転状態ではなかったと認められた。

タイヤの回転方向　車両の進行方向

写真16　被告人車両が横滑りし電柱に衝突した直前のタイヤ痕の印象状況

4　裁判所の判決

　裁判所は，危険運転致死罪を認め，求刑懲役5年に対して懲役3年の判決を言い渡した。

5　まとめ

　危険運転致死罪の適用が困難と思われた事案であったが，危険な運転状態であったことが裁判所で認められたものであった。限界旋回速度を超え，車両の制御を失ったことによる危険運転致死傷罪を適用する場合に，ポイントとなるのは，被告人車両が制御を失ったことをどのように立証するかである。本事例で示したように，横滑り痕から，被告人車両のハンドルの操作状況を捜査し，制御を失った状況を明らかにすることは重要である。

事例 5-2 エアバッグコントロールユニットを用いた速度鑑定事例

　交通事故が起きて，衝突の衝撃によって自動車に不具合が起きると，故障診断装置が，どこの装置に不具合が生じたか，その時の速度，アクセルやブレーキの状態などを記録してくれるため，交通事故の解析に有用なツールとなっている。しかしながら，バッテリーを外すとこれらの記録が消えてしまう装置もあって，交通事故の解析に常に有効な装置ではないのが現状である。

　それに対して，エアバッグが展開するような衝撃の大きな衝突の場合に，速度などを記録してくれるエアバッグコントロールユニットが自動車に搭載されているが，この装置は，事故により車内電源が利用不可となることを想定してバックアップ電源が備えられているというもので，速度鑑定等の交通事故解析には有用な装置である。しかしながら，この装置を用いて交通事故事件を解明した事例は少ない。

　本事例では，エアバッグコントロールユニットを用いて交通事故事件を解明した事例について述べる。

事件の概要

　被告人が，雨で湿潤状態であった国道のトンネル内を普通乗用自動車で運転し，片側1車線の左カーブを進行する際，対向車線にはみ出し，対向してきた軽四輪乗用車と正面衝突し，軽四輪乗用車を運転していた被害者が死亡した事故である。被告人車両には，エアバッグコントロールユニットが搭載されていたものである。

1　警察の捜査

　図1に，交通事故現場見取図を示す。停止した両車両の近くの路面には，ガウジ痕や横滑り痕が印象されている。図2は，被告人車両及び被害車両の衝突直前の車両挙動を示したものである。警察は，被告人車両は横滑りしながら対向車線にはみ出し，対向車線を走行していた被害車両と前面から衝突したと解析した。

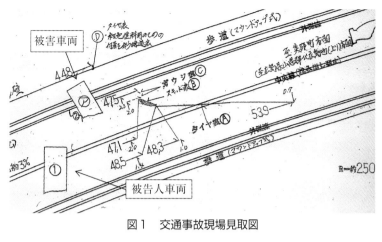

図1　交通事故現場見取図

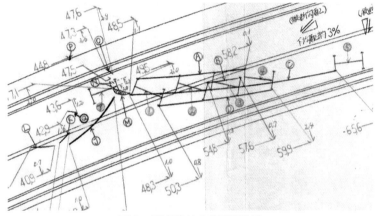

図2　衝突直前の車両挙動図

　　ガウジ痕は，両車両の車底部の状況から被害車両によって印象されたと判断された。**図2**において，ガウジ痕の印象より右側に4条のタイヤ痕Ⓐ～Ⓓが印象されている。最も長いもので18mであった。

　　写真1は，トンネル内で衝突後の衝突車両の停止状況を示す。

写真1　衝突後の停止状態

　警察は，科学捜査研究所に被告人車両と被害車両の衝突角度，両車両の衝突速度，衝突直前のタイヤ痕印象開始速度，衝突直前の左カーブの限界旋回速度の鑑定を依頼した。**図３**に示すように，被告人車両と被害車両の衝突状況の突合せを行った結果，両車両の衝突角度は，128°と鑑定された。

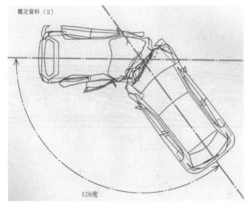

図３　衝突角度

　図４は，被告人車両及び被害車両の凹損状態をエネルギー吸収図に記載したものである。この図から，両車両の前面は大きく損傷していることが分かる。

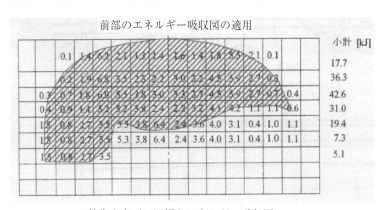

被告人車両の凹損とエネルギー吸収図

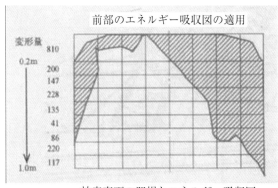

被害車両の凹損とエネルギー吸収図

図４　被告人車両及び被害車両の凹損状況とエネルギー吸収図

　科学捜査研究所の速度解析は，速度算出のために用いるべき運動量保存則及びエネルギー保存則を適用して基本どおり鑑定された。衝突直前の速度は，以下のように鑑定された。

　　両車両の衝突角度　128°

　　被告人車両の衝突直前の速度　74～76km/h

　　被害車両の衝突直前の速度　50～52km/h

　　タイヤ痕©の印象開始直前の速度　約75～79km/h

　　本件事故現場直前の左カーブの限界旋回速度　111～126km/h

　警察は，被告人車両がエアバッグコントロールユニットを搭載した車両であったことから，エアバッグコントロールユニットの記録による速度鑑定も実施した。エアバッグコントロールユニットによる速度解析は，科学警察研究所が行うことになっているため，鑑定書は，科学警察研究所の研究員が作成した。

2　鑑定書に記載されたエアバッグコントロールユニットと記録の結果について

⑴　エアバッグコントロールユニットについて

　鑑定書に記載された内容を以下に概略説明する。

　エアバッグコントロールユニットは，エアバッグ展開とシートベルトプリテンショナーの起動を制御し，かつ関連の情報を記録するものである。エアバッグコントロールユニットは，常時1秒間隔で車両の走行速度を計測している。これと並行して，事故による衝撃及び事故の可能性がある衝撃を検知するように加速度センサーで計測を行っている。走行速度のデータは過去5秒分を記録保持している。

　衝撃を検知した場合，その時点でデータがエアバッグコントロールユニットに記録される。この時，残される記録は，過去の5秒分の走行データも含まれている。記録されたデータをもとにエアバッグの展開条件に合致するか否かの判断を行う。並行して衝撃による加速度データを0～238m/sにわたって計測記録する。

　記録されたデータがエアバッグの展開条件に合致した場合，その衝撃を伴う事象のデータを記録した領域は書き込み禁止状態となり，データが保持される。

⑵　被告人車両の衝突前速度に関する記録内容

　車速の記録には，6時点のデータが存在する。このうち5点は，通常状態で常時計測されている1秒間隔の速度であるが，衝突時の車速は常時計測とは無関係に衝撃を検知した瞬間の速度である。そのため，例えば「衝突1秒前」とされていても，正確な1秒前時点の車速とは限らないことに注意が必要となる。

　エアバッグコントロールユニットの車速の測定結果は，以下のようであった。

・衝突1秒前の車速（70.7km/h）の記録時点は，衝突判定時点の0～1秒前

・衝突2秒前の車速（85.29km/h）の記録時点は，衝突判定時点の1～2秒前

・衝突3秒前の車速（88.26km/h）の記録時点は，衝突判定時点の2～3秒前

・衝突4秒前の車速（97.62km/h）の記録時点は，衝突判定時点の3～4秒前

・衝突5秒前の車速（103.09km/h）の記録時点は，衝突判定時点の4～5秒前

　車速の記録は，1秒ごとに記録していることから，衝突時の速度として記録された速度（70.7km/h）が，衝突速度であると定められず，この車速が衝突した時点の0秒に近いか1秒前に近い記録かが不明であるということである。

　さらに，科学警察研究所における鑑定書では，衝突前にタイヤ痕（18m）が存在するため，そのタイヤ痕の印象区間の走行時間を勘案すると，衝突判定時点からさかのぼって約1秒前までの速度の記録は正確な数値が記録されていない可能性があるとされていた。

3　筆者への意見聴取

　科学警察研究所から前述の鑑定書が提出されたことから，警察は，筆者に被告人車両の衝突時の速度及び記録された被告人車両の5秒間における位置の解析について意見を求めた。

　そこで，科学捜査研究所の被告人車両の衝突直前の速度の鑑定結果は，74～76km/hと求められたので，エアバッグコントロールユニットが記録した衝突時点から1秒前までの速度70.7km/hは，ほぼ衝突速度であると判断した。科学捜査研究所の速度鑑定は，一般的に±5km/h程度の誤差は許容される範囲である。鑑定結果がエアバッグコントロールユニットによる記録結果より高い速度であったことから，記録された速度が衝突速度と考えられると判断できた。このため，それ以前の1秒ごとの速度は，衝突地点から1秒前ごとの速度とすることができることから，1秒前ごとの走行地点が計算で求められることとなった。

○衝突地点から5秒手前の被告人車両の位置と速度について

　物理式を求めるための考え方を示す。エアバッグコントロールユニットの車速の記録は，減速状態であるから，速度がV_aからV_bに減速した場合を考え，この時の減速度をμg，時間をt及び速度をVとして物理式を組み立てる。

　時間と減速度及び低下速度の関係は，次式で表される。

$$t = \frac{V_a - V_b}{\mu g}$$

この式から減速度μgが求められる。

　速度がV_aからV_bに減速度μgで走行した場合の進んだ距離Sと速度の関係は次式で表される。

$$S = \frac{V_a^2 - V_b^2}{2\mu g}$$

この式から減速に応じた距離が求められる。

　ただし，μ：タイヤと路面間の摩擦係数

　　　　　　g：重力加速度9.8m/s^2

である。

解析の結果を**図5**に示す。

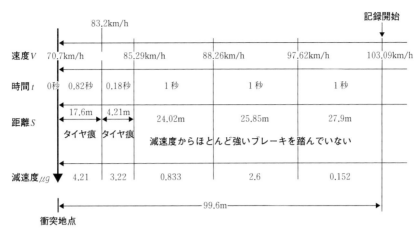

図5　エアバッグコントロールユニットの結果から算出した速度と衝突地点からの距離

　この結果について考察すると，記録された速度70.7km/hが，衝突時点より1秒前のデータであるとすると，衝突直前の速度が85.29km/hから70.7km/hまで減速しているが，衝突直前の路面に印象されたタイヤ痕に対して，これに対応する減速を示すタイヤ痕跡がない。衝突直前に減速したと考えると衝突付近のタイヤ痕だけ印象されているから，減速状況とタイヤ痕が結果と一致するのは，衝突速度を70.7km/hとする場合だけである。よって，衝突速度に近い時点での速度が70.7km/hであるとすることは妥当である。

　科学警察研究所の鑑定書で指摘された「衝突前にタイヤ痕（18m）が存在するため，そのタイヤ痕の印象区間の走行時間を勘案すると，衝突判定時点からさかのぼって約1秒前までの速度の記録は正確な数値が記録されていない可能性がある。」については，計算上，記録された減速度から，$\mu=0.43$と求められ，その距離は，約18mと得られ，痕跡状況と一致するため，ほぼ正確な数値が記録されたと判断される。この件については，特に裁判所から尋ねられることとなった。

　解析の結果，**図6**に示すように，衝突地点から被告人車両の進行してきた99.6m後方のカーブの曲率半径が最も小さな地点で，103.09km/hであったことを示すことができた。

　警察は，このカーブをプロのドライバーなどで検証のため走行したが，90km/hを超える速度で走行することはできないことを確認した。

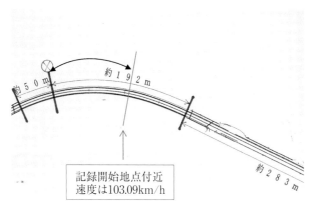

約５０ｍ

約１９２ｍ

記録開始地点付近
速度は103.09km/h

約２８３ｍ

図6　衝突地点と推定される速度103.09km/hの地点

4　検察の対応

　検察は，弁護人が事故時の天候が強風であり，向かい風だったのが急に追い風になったため速度が高くなったと主張するなど，反論の対応に苦慮することとなった。検察は，風の状況を鑑定した鑑定人に的確に尋問することによって，車両の運動に大きな影響を与えるものでないとの回答を導くことができた。

　本事例は，速度の鑑定の結果，限界旋回速度以下ではあったが，プロのドライバーが走行できなかったことなどから，危険運転致死罪が適用されたため，裁判員裁判となった。筆者は，意見を調書にしただけであったが，裁判員裁判において，尋問されるとともに，筆者の意見の経緯をスライドによって説明することとなった。

5　裁判員裁判の判断

　本事例の主な争点は，被告人が制御困難な高速度で走行していたか，被告人がそれを危険な行為と認識していたかであった。弁護側は，被告の過失を強調し自動車運転過失致死罪が妥当であると主張した。裁判員裁判の判断は，危険運転致死罪を適用し，懲役６年を言い渡すものであった。

　判決では，被告人供述や警察の走行実験から，「制御が困難な103km/hを超える高速度であった」として，危険運転致死罪が成立するとした。

6　まとめ

　筆者は，以前から，タイヤと路面間の摩擦係数や道路の曲率半径で求められる限界旋回速度は，理想的な一様な路面表面で，ハンドル操作も一分の狂いもなく操作できた場合に走行できる限界速度であって，通常の走行ではあり得ないものであり，実際に限界旋回速度付近で走行し，制御を失って事故になった場合は，危険運転状態と判断すべきではないかと主張してきた。本事例は，限界旋回速度より低い速度で走行したことが鑑定されたが，検察は危険運転致死罪を適用した。警察の走行実験，エアバッグコントロールユニットなどの鑑定を

踏まえ，危険運転致死罪を適用した画期的な判決であった。

　さらに本事例は，エアバッグコントロールユニットの解析が速度鑑定に用いられた貴重な事例となった。

事例 5-3　雨天時にカーブで横滑りして正面衝突した危険運転致死事件

　雨天時に，カーブを曲がり切れず対向車線にはみ出した被告人車両が，左横向きで，対向車両の正面と衝突した交通事故事件について述べる。本件事故の衝突速度を科学捜査研究所が解析していたが，衝突状況から横滑りして衝突したと認められるものの，路面が湿潤状態であったことから，衝突直前のカーブをはみ出して横滑りしたときの速度を明らかにすることができなかったものである。

事件の概要

　写真1に，被告人車両から見た衝突地点までの見通し状況を示す。被告人車両から見て左カーブになっており，対向車線の右側には，歩道があり，デリニエーターが設置されている。

　一方，写真2は，被害車両から見た衝突地点までの見通し状況を示す。被害車両の前方が右カーブになっている。

　図1は，被害車両と被告人車両の衝突状況を示す。被告人車両は，左カーブの道路を対向車線にはみ出し，横を向いた状態で被害車両と衝突したものである。被害車両は，横滑りしてセンターラインをはみ出してきた被告人車両を認知し，危険を感じて急制動してタイヤ痕を印象させながら衝突したものである。路面は，湿潤状態ではあったが被害車両がABS装着車でなかったことから，路面にスリップ痕を印象させたものである。

写真1　被告人車両から見た衝突地点までの見通し状況

写真2　被害車両から見た衝突地点までの見通し状況

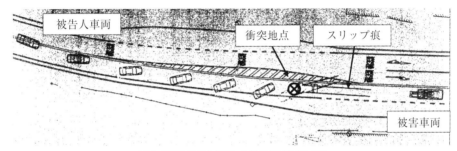

図1被害車両と被告人車両の衝突状況

　図2は，被害車両と被告人車両の衝突角度を示す。被告人車両は，横滑りして右前部を被害車両の前面に衝突させたものである。

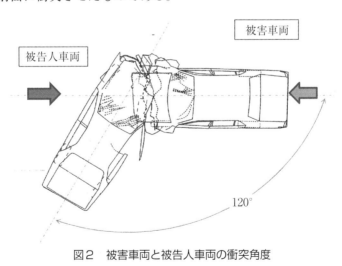

図2　被害車両と被告人車両の衝突角度

1　警察の対応

　警察は，科学捜査研究所に衝突速度の鑑定を依頼し，衝突時の両車両の衝突速度を明らかにした。科学捜査研究所による衝突速度の鑑定結果，被害車両の衝突速度は7.69～9.48m/s（27.7～34.1km/h），被告人車両の衝突速度は22.14～23.79m/s（79.7～85.6km/h）と求められた。また，被害車両のスリップ痕印象開始時の速度は13.18～14.79m/s（47.4～53.2km/h）

と計算された。

　被告人車両が横滑りしてセンターラインをはみ出した道路のカーブの半径は，センターラインの位置で206mであり，路面の横断勾配を考慮すると被告人車両の走行してきた道路の限界旋回速度は114～115km/hと求められた。

　ここで，問題になったのは，被告人車両がこのカーブを時速何kmで走行していたかであった。被告人車両が，限界旋回速度付近の速度で走行し，制御を失って横滑りし，センターラインをはみ出して衝突したとなれば，危険運転致死罪を適用しなければならない。しかし，路面は湿潤状態であり，横滑り痕も印象されない状態であったことから，警察は速度を明確にすることができなかった。

　そこで，警察は，筆者に被告人車両の横滑り状態の速度について意見を求めた。

2　横滑り開始時の速度解析

　警察から意見を求められた筆者は，図2に示されたような衝突角度で衝突したのであるから，被告人車両は，左カーブに進入する際，速度が高かったため横滑りし，回復できない制御困難な状況でセンターラインをはみ出したものと認め，解析することとした。

　被害車両は，被告人車両が横滑りしてセンターラインをはみ出してきたことで危険を感じ，急制動したものである。被害車両が危険を感じて衝突するまでの時間と被告人車両がセンターラインをはみ出し危険を感じさせて衝突するまでの時間は同じであることを用いて，被告人車両の走行速度を算出することとした。

被告人車両の衝突速度の解析方法

　被害車両は危険を感じてタイヤ痕を印象させて衝突している。危険を感じて衝突するまでの時間と，被告人車両が危険を感じさせた位置から衝突するまでの時間は同じである。そこで，被告人車両が危険を感じさせた位置から衝突するまでの時間を求める。

　危険を感じて衝突するまでの時間 t は，空走時間 t_0 とスリップ痕印象時間 t_S を加えた時間である。

$$t = t_0 + t_S \quad \cdots\cdots\cdots\cdots\cdots\cdots\cdots\cdots\cdots\cdots\cdots\cdots\cdots\cdots\cdots\cdots\cdots\cdots 式(1)$$

ただし，被害者は職業運転手であったことから空走時間を0.7秒とした。

スリップ痕の印象時間は，次式で与えられる。

$$t_S = \frac{V_1 - V_2}{\mu_H g} \quad \cdots\cdots\cdots\cdots\cdots\cdots\cdots\cdots\cdots\cdots\cdots\cdots\cdots\cdots\cdots\cdots 式(2)$$

ただし，V_1 は被害車両のスリップ痕印象開始速度，V_2 は被害車両の衝突速度，μ_H は路面とタイヤ間の摩擦係数，g は重力加速度（9.8m/s²）である。

　被害車両のスリップ痕印象直前の速度は，次式で表される。

$$L = \frac{V_1^2 - V_2^2}{2\mu_H g} \quad \cdots\cdots\cdots\cdots\cdots\cdots\cdots\cdots\cdots\cdots\cdots\cdots\cdots\cdots\cdots\cdots 式(3)$$

ただし，Lは被害車両のスリップ痕の長さである。式(3)から被害車両のスリップ痕印象開始時の速度V_1が求められ，スリップ痕印象時間t_Sが求められる。

次に，被告人車両が横滑りして衝突するまでの時間を求め，被害車両に危険を感じさせた地点の被告人車両の速度V_0を求める。危険を感じさせた地点から衝突地点までの進行時間は，tである。

$$t = \frac{V_0 - V_X}{\mu g}$$

変形して，

$$V_0 = V_X + \mu g t \quad\cdots\cdots\cdots\cdots\cdots\cdots\cdots\cdots\cdots\cdots\cdots\cdots\cdots\cdots\text{式(4)}$$

を得る。ただし，V_Xは被告人車両の衝突速度，μは，被告人車両の横滑り摩擦係数である。

被告人車両が横滑りして危険を感じさせた位置から衝突地点までの距離をSとすると，次式が成り立つ。

$$S = \frac{V_0^2 - V_X^2}{2\mu g}\cdots\cdots\cdots\cdots\cdots\cdots\cdots\cdots\cdots\cdots\cdots\cdots\cdots\cdots\text{式(5)}$$

式(4)及び式(5)から危険を感じさせた被告人車両の走行位置Sは，次式で与えられる。

$$S = \frac{(V_X + \mu g t)^2 - V_X^2}{2\mu g} = \frac{2V_X t + \mu g t^2}{2}\cdots\cdots\cdots\cdots\cdots\cdots\text{式(6)}$$

被告人に有利に考えて，危険を感じたときの被害車両の速度を14.79m/s，被害車両の衝突速度を9.48m/s，被告人車両の衝突速度を22.14m/sとする。

被害車両が，危険を感じて衝突するまでの時間は，次式となる。

$$t = t_0 + t_S = 0.7 + \frac{2L}{V_1 + V_2} = 0.7 + \frac{2 \times 14.6}{14.79 + 9.48} = 1.9 \sec \cdots\cdots\cdots\cdots\text{式(7)}$$

ただし，$L=14.6$m　（スリップ痕長さ）である。

図3に，両車両の衝突までの関係図を示した。

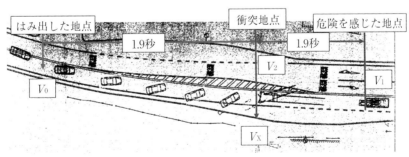

図3　衝突までの関係図

式(6)から被告人車両が被害車両に危険を感じさせた地点の被告人車両の速度V_0を求める。

$$V_0 = V_X + \mu g t = 22.14 + 0.47 \times 9.8 \times 1.9 = 30.9 \text{m/s （111.2km/h）}$$

危険を感じさせて衝突するまでの距離Sは，次式となる。

$$S = \frac{2V_{X}t + \mu g t^{2}}{2} = \frac{2 \times 22.14 \times 1.9 + 0.47 \times 9.8 \times 1.9^{2}}{2} = 50.4\text{m}$$

　警察は，被害車両から見た被告人車両のはみ出し状況を検証していた。警察の見分によれば，夜間における被害車両の前照灯をハイビームとして危険認知推定地点を特定した地点は，計算によって求めた50.4mとほぼ一致した。

3　検察の対応と被告人弁護人の反論

　警察の見分における危険を認知した地点と計算で求めた危険認知地点がほぼ一致したことによって，被告人車両が走行していた速度が信頼できるとして，検察は，被告人を危険運転致死罪で起訴した。

　被告人弁護人は，民間鑑定人による鑑定書をもって反論した。民間鑑定人は，被告人車両の速度を下げるために，様々な反論を提示した。反論鑑定の一つに，被告人車両の横滑り状態のタイヤが発生する力を誤った解釈で計算を行ったものが提示された。タイヤが発生する力について図4を参照したものであり，タイヤの横滑り限界が横滑り角約10°で起こるが，ブレーキの抵抗力として作用するのは，コーナリング抵抗だけであるとして，全横力の6.6％だけ用いて計算したものであった。

　タイヤが発生する力は，次式で定義され，それぞれの成分に分けて考えるものである。

　　　コーナリング抵抗　　　　　$F_{X}' = F_{X}\cos\alpha + F_{Y}\sin\alpha$

　　　コーナリングフォース　　　$F_{Y}' = -F_{X}\sin\alpha + F_{Y}\cos\alpha$

　両者の合力Fは，次式で表される。

　　　$F = F_{X}^{2} + F_{Y}^{2} = F_{X}'^{2} + F_{Y}'^{2}$

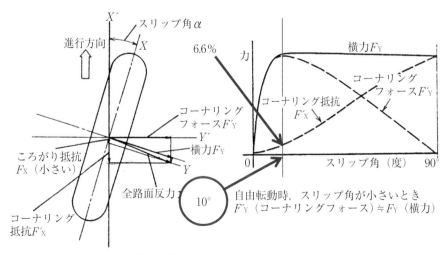

図4　横力とコーナリングフォース

横滑りのエネルギー保存則について**図5**を参照して検討する。

自動車は，速度Vで走行しているとする。この時の運動エネルギーE_Kは，次式で与えられる。

$$E_K = \frac{1}{2}mV^2$$

横滑りしている自動車の摩擦仕事E_Fは，次式で表される。

$$E_F = \mu WD = \mu mgD \ (W = mg)$$

A点の速度V_A，B点の速度V_Bとし，横滑り距離をDとするときの摩擦仕事と運動エネルギーの関係は次式となる。

$$\frac{1}{2}mV_B^2 = \frac{1}{2}mV_A^2 - \mu WD = \frac{1}{2}mV_A^2 - \mu mgD$$

$$V_B^2 = V_A^2 - 2\mu gD \qquad D = \frac{V_A^2 - V_B^2}{2\mu g}$$

したがって，横滑りしている自動車の摩擦仕事を考える場合は，摩擦力と摩擦距離が問題になり，コーナリング抵抗ではない。

ただし，m：質量，V：速度，W：重量，D：横滑り距離である。

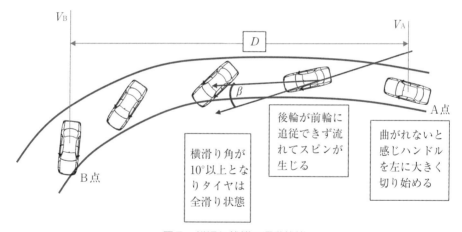

図5　横滑り状態の運動状態

4　裁判所の判断

被告人車両の走行してきた道路の限界旋回速度は114〜115km/hであり，物理法則によって求められた被告人車両の速度は，111.2km/hであったことから，裁判所の判断は，被告人車両が高速度で走行したためカーブを曲がり切れず，自動車の制御を失い，被害車両と衝突したことを認め，求刑懲役10年に対して懲役8年とした。

5 まとめ

　タイヤ痕が認められない横滑り状態から，物理法則によって被告人車両の横滑り速度を認めた判断は，画期的なものである。交通事故事件において，多数の速度鑑定不能事故が存在する。他方，これまでにも，筆者に相談が寄せられた交通事故事件で，速度解析不能事故が物理法則によって解明したものがある。このように物理法則を用いた解析によって，多数の速度解析を行ってきたので，今後は，このような速度解析事例について述べていきたい。

事例 5-4 急加速によるスリップか，路面の摩擦係数が低いために起きたスリップか

　雨が降って湿潤状態であった高速道路の料金所から半径の小さいカーブを曲がって本線に流入する際に，カーブ出口付近で加速しすぎたため，スピンした状態で本線に進入したことにより，本線を走行していたトラックと衝突し，トラックの運転手が死亡した交通事故について述べる。

事件の概要

　本事例は，被告人が普通乗用自動車を運転し，インターチェンジの料金所を通過して下り本線に合流するとき，自車を滑走させて本線上に進出し，被害者運転の中型貨物自動車と衝突したものである。被告人車両は，本線に向かう際に，車両がスピンを開始し，本線上に滑走して，本線を走行していたトラック前部とほぼ正面衝突の形態で衝突したものである。

1　警察及び検察の対応

　被告人は，本線に入るインターチェンジの路面が異常に摩擦係数が低いためにスピンを生じて事故になったものであると，無罪を主張したため，警察は，事故の原因の究明のため，プロのドライバーに運転を依頼して実験によるスピンの検証を行った。実験に際しては，検察官も立ち会った。また，警察の捜査員によって，被告人車両の衝突速度及び被害車両の衝突速度も解析された。

2　筆者への鑑定依頼

　警察は，実験に際して，実験の助言及びそれに基づく事件の全容解明のための鑑定を筆者に依頼した。

3　筆者に依頼された鑑定項目

⑴　被告人車両の滑走原因及び事故状況の解明

　本事例は，被告人車両が高速道路本線への合流部でスピンして本線上に滑走し，本線第1車線を走行中のトラック前部に自車右前部を衝突させた事案であり，被告人車両の滑走原因及び事故状況の解明が求められた。

　なお，滑走原因として被告人車両のタイヤの摩耗が考えられるかが問題となった。

⑵　滑走速度及び地点等

　(a)　滑走時の速度・地点

⒝ （急加速が滑走の原因であれば）加速開始時の速度・地点

⒞ 衝突時の速度

⑶ 限界旋回速度

⒜ 半径60mの場合

⒝ 半径51mの場合

4 鑑定の概要

⑴ 被告人車両の滑走原因及び事故状況の解明

図1は，衝突地点における衝突状況を示している。被告人車両と被害車両は，損傷状況の突合せから，ほぼ正面で衝突したと認められた。

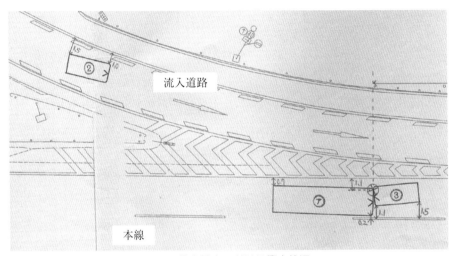

図1 衝突地点における衝突状況

図2は，衝突直前から衝突して停止するまでの車両挙動を示している。

被告人車両は，高速道路料金所から本線車道へつながるランプウェイを走行し，合流部に向かう途中スピンして本線に飛び出し，被害車両と衝突した。湿潤路面において，旋回する車両がスピンする条件は，主に次のことが考えられる。

ⅰ 高速度で旋回しハンドルを切り回したとき，後輪が流れた場合

ⅱ パワーの強い後輪駆動車において後輪が空転するほど急加速した場合

同型車を用いて実験検証した結果の内容

実験は，次に示すように実験1から実験5まで実施された。

＜実験1＞ 60km/hで曲率半径51mを旋回。ギアを4速として徐々に加速する。

・結果 水たまり以外では，車体はスピンを起こさず。

＜実験2＞ 60km/hで曲率半径60mを旋回。ギアを4速として徐々に加速する。

・結果 水たまり以外では，車体はスピンを起こさず。

＜実験3＞　60km/hで曲率半径51mを旋回。ギアを3速及び4速として急加速する。
　　・結果　水たまり以外では，車体はスピンを起こさず。急加速により車両は決められた
　　　　　　円よりも外に膨らもうとする，つまり，アンダーステア傾向となる。そこで，
　　　　　　加速して速度が速くなると，アンダーステアになり外に膨らもうとするとき，
　　　　　　決められた円に沿って，さらにハンドルを操作し切り込むと車体がスピンし
　　　　　　た。これは，アンダーステア時に，ハンドルを切り込んだため前輪が内側に向
　　　　　　かったが，後輪は追従できず車体がスピンしたものである。
＜実験4＞　60km/hで曲率半径51mを旋回。ギアを3速から4速にシフトアップ，あるい
　　　　　　は4速から3速にシフトダウンして急加速する。
　　・結果　車体はスピンを起こさず。アンダーステアが生じるだけである。
＜実験5＞　60km/hで急制動して停止距離から実験場の摩擦係数を測定。
　　・結果　平均摩擦係数は，0.52であった。

　自動車のステア特性は，高速走行するときの安定性に大変重要である。車線変更や横風外
乱を受けたときなどの車両姿勢の収まりに大きな影響を持つ。ステア特性には，アンダース
テア，ニュートラルステア，オーバーステアの3つがある。ステア特性は定常円旋回テスト
などを行い調べるものである。
　ハンドルを固定した条件における各ステア特性を以下に示す。
　①　アンダーステア　　　：車両は，速度の増加とともに円の外側に膨らむ。
　②　ニュートラルステア：車両は，速度が増加しても円の上を走行する。
　③　オーバーステア　　　：車両は，速度が増加すると円の内側に入り込む。
　現在，売られている自動車は全て，アンダーステアに設計され，オーバーステアの車は，
操縦が極めて難しく危険なため設計されない。
　図3は円旋回におけるステア特性を示している。極低速時に円上を走行し，ハンドルを固
定する。ハンドルを固定したまま加速していき，車体挙動を観測する。
　以上の試験の結果から，湿潤路面において，車体にスピンが生じるのは，加速して円旋回
するとき，定められた円より外に膨らむアンダーステア現象が生じるため，ハンドルを切り
込まざるを得なくなり，切り込むと車体がスピンすることが明らかになった。本件事故にお
ける被告人車両のスピン現象は，本線への流入方向に向かって旋回するとき，速度が速すぎ
て旋回したため，車体は外に膨らむアンダーステア現象が生じ，道路の外に逸脱しそうに
なったため，ハンドルをさらに切り込んだことにより後輪が流れ，あわててハンドルを右に
大きく切ったことにより時計回りにスピンしたと認められた。

138

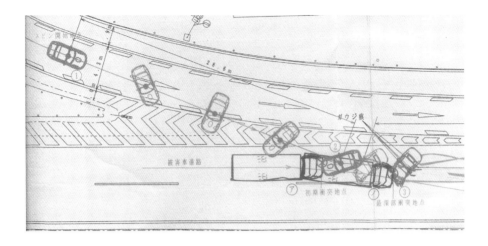

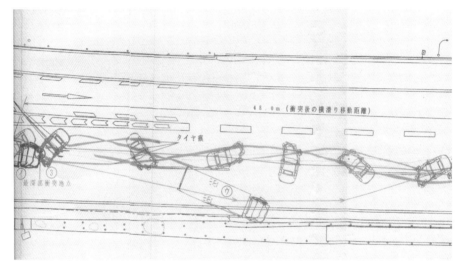

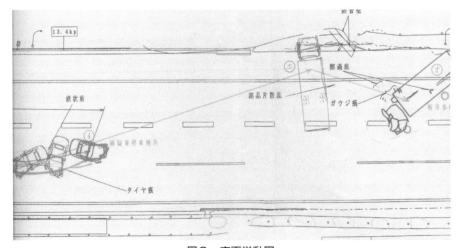

図2　車両挙動図

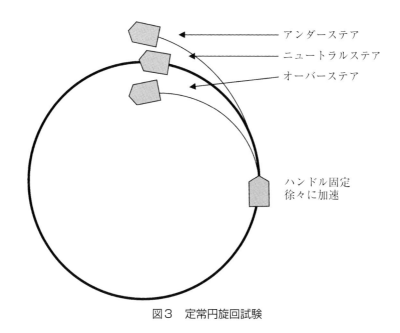

図3　定常円旋回試験

　被告人車両では，60km/hで3速あるいは4速に設定して急加速しても後輪が空転するほどの高回転に至らず，車体がスピンしないことが実験によって明確になった。また，被告人車両のタイヤを装着して実験を行ったが，タイヤがスリップして車体がスピンすることがなかったことから，タイヤの摩耗も関係がないことが明確になった。

(2)　滑走速度及び地点等

　(a)　滑走時の速度・地点

　　滑走時の速度を求めるためには，衝突時の速度を明らかにし，スピン開始地点の速度を求める必要がある。衝突速度は運動量保存則及びエネルギー保存則を用いて算出する。

　　運動量保存則は，次式で表される。

$$m_A V_A \cos\beta_A + m_B V_B \cos\beta_B = m_A V_{slipA} \cos\alpha_A + m_B V_{slipB} \cos\alpha_B \quad \cdots\cdots\cdots\cdots\cdots 式(1)$$
$$m_A V_A \sin\beta_A + m_B V_B \sin\beta_B = m_A V_{slipA} \sin\alpha_A + m_B V_{slipB} \sin\alpha_B \cdots\cdots\cdots\cdots\cdots 式(2)$$

　この法則は，衝突前の運動量（速度×質量）と衝突後の運動量が等しい（保存される）というものである。

　　ただし，V_A　＝被害車両の衝突速度（運行記録計より26.2m/s）

　　　　　　V_B　＝被告人車両の衝突速度

　　　　　　m_A　＝被害車両の質量（4,780kg＋60kg（乗員質量）＝4,840kg）

　　　　　　m_B　＝被告人車両の質量（1,030kg＋60kg＝1,090kg）

　　　　　　β_A　＝被害車両の衝突角度（0°）

　　　　　　β_B　＝被告人車両の衝突角度（14°）

　　　　　　α_A　＝被害車両の飛び出し角度（2°）

　　　　　　α_B　＝被告人車両の飛び出し角度（－5°）

　　　　　　V_{slipA}＝被害車両の衝突直後の飛び出し速度

$$V_{\mathrm{slipB}} = \text{被告人車両の衝突直後の飛び出し速度}$$

である。

　ここで，被害車両の衝突角度を0°とする。次に被告人車両の衝突角度は，被害車両と接触する地点まで，スピンして進行したと認められるから，流入部からスピンしたと考えられる位置まで結んだ線を衝突角度とする。被害車両の飛び出し角度は，最深部の衝突終了後，中央分離帯に衝突していたので，その地点まで線で結んだ角度とした。最後に被告人車両の飛び出し角度は，最深部からタイヤ痕を印象させてスピンした車両の重心の軌跡を結んで飛び出し角度とした。図4は，衝突角度及び飛び出し角度を示している。

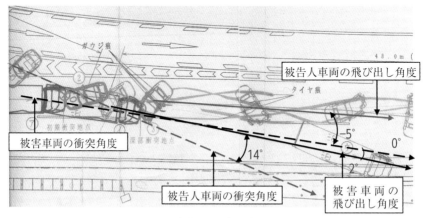

図4　衝突角度及び飛び出し角度

　被害車両は衝突後，ガードレールに衝突し，横転して停止している。したがって，被害車両の衝突後の飛び出し速度を明確に求めることは困難である。被害車両の衝突直前の速度が，被害車両の運行記録計から約94〜95km/hであることが明らかになっていたので，式(1)及び(2)から被害車両の飛び出し速度を消去して，被告人車両の衝突速度を求めることとした。

　最初に，被告人車両の飛び出し速度を求める。被告人車両の飛び出し速度は，次式から求められる。

$$V_{\mathrm{slipB}} = \sqrt{2\mu_{\mathrm{B}} g L_{\mathrm{B}}} \cdots\cdots\text{式(3)}$$

　ここで，μ_{B}は被告人車両のタイヤの摩擦係数，gは重力加速度（9.8m/s²），L_{B}はスリップ痕の長さである。ここで，被告人車両が衝突して停止するまでのスリップ痕の長さは，各輪のスリップ痕の長さを全て加えて，4輪で除して平均スリップ痕の長さL_{B}とする。

　したがって，被告人車両の飛び出し速度は，式(3)から次式となる。

$$V_{\mathrm{slipB}} = 17.7\mathrm{m/s}$$

　被害車両の飛び出し速度を消去して，被告人車両の衝突速度を求めると，被告人車両の衝突速度は，

$$V_{\mathrm{B}} = 9.2\mathrm{m/s}\ (33.1\mathrm{km/h})$$

となった。

　次に，被告人車両の滑走時の地点及び滑走時の速度を求める。

　図5は，滑走して衝突するまでの解析図を示している。車両が滑走（スピン）を開始すると，回転しながらほぼ直線的に進行する。**図5**に示したように，衝突地点における被告人車両の重心位置から，流入路の円に接する線を引くことによって滑走地点が求められる。したがって，滑走開始地点は，**図5**に示された地点であると認められる。

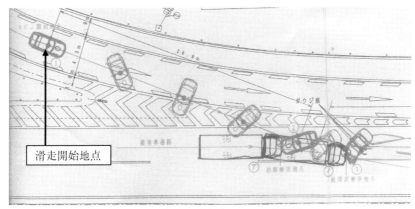

図5　滑走して衝突するまでの解析図

　図5を参照して，滑走開始地点における被告人車両の速度を求める。被告人車両は，滑走開始地点から，後輪が横滑りしスピンしながら被害車両と衝突したと認められる。路面は，湿潤であったことからスピンしたときのタイヤ痕は認められていない。高速でハンドルを切ったことによって後輪が横滑りし，スピン状態になった場合は，タイヤの全てが滑り状態であると考えられるから，滑走距離をL_0とし，摩擦係数をμ_0として，被告人車両の滑走開始地点における速度V_0を求めると，

$$\frac{1}{2}m_{\mathrm{B}}V_0^2 = \frac{1}{2}m_{\mathrm{B}}V_{\mathrm{B}}^2 + \mu_0 m_{\mathrm{B}}gL_0$$

となる。

　(b)　（急加速が滑走の原因であれば）加速開始時の速度・地点

　　　実車実験により，急加速が滑走の原因ではないことが明確になった。

　(c)　衝突時の速度

　　　衝突時の被告人車両の速度は，

　　　　$V_{\mathrm{B}} = 9.2\mathrm{m/s}$（33.1km/h）

　　　と計算された。

(3)　限界旋回速度

　路面に横断勾配がある場合の限界旋回速度を求める。

　図6に示すように，急なカーブなどには外に飛び出しにくいように路面に横断勾配という傾きを施している。この場合，限界旋回速度が高くなる。路面に横断勾配θがついている場合の限界旋回速度は，次式となる。

$$V_{CR} = \sqrt{gr\frac{\mu + \tan\theta}{1 - \mu\tan\theta}}$$

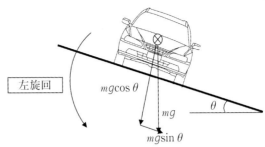

図6　横断勾配を持つカーブの旋回

ここで，滑走開始した地点は，横断勾配が約1%で，その角度は0.573°である。

(a)　半径60mの場合

限界旋回速度は，

$$V_{CR} = \sqrt{gr\frac{\mu + \tan\theta}{1 - \mu\tan\theta}} = \sqrt{9.8 \times 60 \times \frac{0.34 + \tan 0.573°}{1 - 0.34 \times \tan 0.573°}} = 14.4\mathrm{m/s}\,(51.8\mathrm{km/h})$$

である。

なお，横断勾配がなく平らな場合は，

$$V_{CR} = \sqrt{gr\mu} = \sqrt{9.8 \times 60 \times 0.34} = 14.1\mathrm{m/s}\,(50.8\mathrm{km/h})$$

となる。

(b)　半径51mの場合

限界旋回速度は

$$V_{CR} = \sqrt{gr\frac{\mu + \tan\theta}{1 - \mu\tan\theta}} = \sqrt{9.8 \times 51 \times \frac{0.34 + \tan 0.573°}{1 - 0.34 \times \tan 0.573°}} = 13.2\mathrm{m/s}\,(47.5\mathrm{km/h})$$

と計算された。

なお，横断勾配がなく平らな場合は，

$$V_{CR} = \sqrt{gr\mu} = \sqrt{9.8 \times 51 \times 0.34} = 13.0\mathrm{m/s}\,(46.8\mathrm{km/h})$$

となる。

5　裁判所の判断

　裁判所は，慎重に判断した結果，被告人が高速度で本線に流入しようとして，車体が左カーブの外方向に膨らもうとしたため，ハンドルを左に切り込みすぎて，車体がスピンを起こし事故に至ったとして，被告人を有罪とした。

6　まとめ

　交通事故の全容を明確にするために，本事例のように実験を行うことがある。専門家にとって，ステア特性は，すでに既知のものであり，本事例のようにスピンが生じる原因について説明が可能であるが，裁判となると理解されることは難しい。実験によって明らかにされたものは，当然受け入れやすくなるが，危険を伴う実験も多い。このような貴重な実験結果が事例として裁判に利用されることを期待する。

事例 5-5 ■ 高裁が1審の判決を破棄した危険運転致死事件

　本事例では，高等裁判所が1審の危険運転致死罪判決（懲役8年）を破棄し，被告人を懲役5年とした事件について述べる。本事例は，事例5-3に被告人が濡れたカーブの路面を曲がり切れずに対向車線に進出し，対向してきた被害車両と衝突し，2名が死亡した事件である。1審の裁判員裁判において，筆者が算出した被告人車両の速度を認定し，危険運転致死罪が適用されたが，弁護側が判決を不服として，控訴したものである。

・事件の概要・

　写真1に，被告人車両から見た衝突地点までの見通しを示す。被告人車両から見て左カーブになっている。

　図1は被害車両と被告人車両の衝突状況を示す。被告人車両は，左カーブの道路を対向車線にはみ出し，横を向いた状態で被害車両と衝突したものである。被害車両は，横滑りしてセンターラインをはみ出してきた被告人車両を認知し，危険を感じて急制動してタイヤ痕を印象させながら衝突した。路面は，湿潤状態ではあったが，被害車両がABS装着車でなかったことから，路面にスリップ痕を印象させていた。

　図2は，被害車両と被告人車両の衝突角度を示す。被告人車両は，横滑りして右前部を被害車両の前面に衝突させたものである。

写真1　被告人車両から見た衝突地点までの見通し

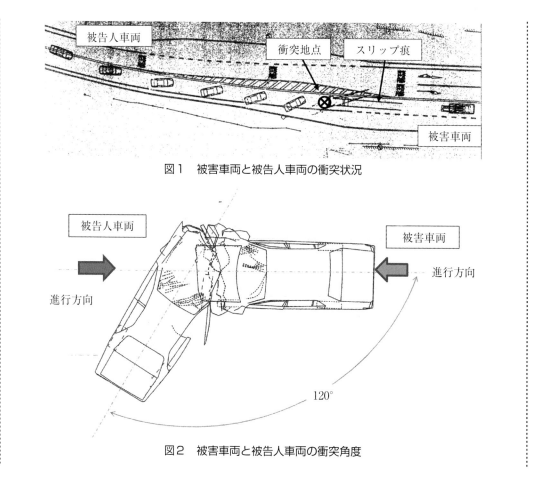

図1　被害車両と被告人車両の衝突状況

図2　被害車両と被告人車両の衝突角度

1　警察の対応

　警察は，科学捜査研究所に衝突速度の鑑定を依頼し，衝突時の両車両の衝突速度を明らかにした。科学捜査研究所の衝突速度の関係結果，被害車両の衝突速度は7.69〜9.48m/s（27.7〜34.1km/h），被告人車両の衝突速度は22.14〜23.79m/s（79.7〜85.6km/h）と求められた。また，被害車両のスリップ痕印象開始時の速度は13.18〜14.79m/s（47.4〜53.2km/h）と計算された。

　被告人車両が横滑りして対向車線に進出した道路のカーブの半径は，センターラインの位置で206mであり，路面の横断勾配を考慮すると被告人車両の走行してきた道路の限界旋回速度は114〜115km/hと求められた。

　ここで問題になったのは，被告人車両がこのカーブを時速何キロメートルで走行していたかであった。被告人車両が，限界旋回速度付近の速度で走行し，制御を失って横滑りし，対向車線に進出して衝突したとなれば危険運転致死罪を適用しなければならない。路面は，湿潤状態であり，横滑り痕も印象されない状態であったことから，警察は速度を明確にすることができなかった。

　そこで，警察は，筆者に被告人車両の横滑り状態の速度について意見を求めた。

2　横滑り開始時の速度解析

　図2に示されたような衝突角度で衝突したのであるから，被告人車両は，左カーブに進入する際，速度が高かったため横滑りし，回復できない制御困難な状況で対向車線に進出したものと認め，解析することとした。

　被害車両は，被告人車両が横滑りして対向車線に進出してきたことで危険を感じ，急制動したものである。被害車両が危険を感じて衝突するまでの時間と被告人車両がセンターラインをはみ出し，危険を感じさせて衝突するまでの時間は同じであることを用いて，被告人車両の走行速度を算出することとした。解析の詳細は，事例5－3に記載したとおりである。

　解析の重要なポイントは，被告人車両が，高速度で進行したことにより，センターラインをはみ出して120°の角度まで被告人車両が横滑りして制御を失った状態で衝突した事実にある。

　自動車は，アンダーステアに設計されている。したがって，カーブでは，円の外側に飛び出そうとする特性を持ち，円に沿って走行するには速度を落とすか，ハンドルをさらに切り回すことになる。高速度で，カーブを進行するとハンドルを切り回しても後輪タイヤはステアしないため，前輪に追従できずに横滑りし，スピン状態になる。被告人車両の衝突状況は，高速度でカーブを進行し，ハンドルを切り回したが車両を制御できずにスピン状態になり，横向き状態となって，被害車両と衝突したと判断できる。

　被告人車両のタイヤは，対向車線に進出した状況から戻ることができずに衝突したことから，対向車線に進出した時点では，全タイヤが横滑り状態であったと判断できる。

　タイヤは，図3に示すように，乾燥路面でスリップ角が10°～12°で横滑り限界となる。これ以上大きなスリップ角をタイヤに与えても横力は増加しない。したがって，カーブを曲がれなくなる限界旋回速度が存在する。スリップ角が10°～12°になるとタイヤの接地面は全滑り状態となる。

　湿潤路面では，摩擦係数が小さいため，乾燥路面より小さなスリップ角で横滑り限界となる。横力が飽和状態になるスリップ角になると，接地面は全て滑り状態になることは，タイヤ研究では，もはや周知のことである。自動車技術会の『自動車工学－基礎－』（117～120頁）にも記載され，自動車技術の若手研究者の講習会においても広く講義されている。

　ここで，タイヤの接地特性について解説する。

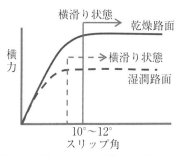

図3　タイヤのスリップ角と横力の関係

　スリップ角は，ハンドル角ではない。**図4**に示すように，車両の進行方向，タイヤの滑り方向とタイヤの回転方向が成す角度である。

　タイヤの接地面は，はがき1枚程度のものである。湿潤路面では，接地面の全てが滑り状態になるスリップ角は，10°以下となる。**図1**に示したように，センターラインをはみ出した時点で，タイヤのスリップ角は，すでに10°を超えた角度で，接地面は全滑り状態であったと認めることができる。

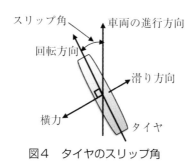

図4　タイヤのスリップ角

　写真2に横滑り痕を示す。スリップ角は30°である。そのタイヤの表面を**写真3**に示す。**写真3**から，横滑りの場合，接地面の滑り方向は，タイヤの回転方向に対して直角方向であることが分かる。

写真2　タイヤの横滑り痕（スリップ角30°）

滑り方向

写真3　横滑り方向

・被告人車両の衝突速度の解析方法

　被害車両は危険を感じたため，タイヤ痕を印象させて衝突している。危険を感じて衝突するまでの時間と，被告人車両が危険を感じさせた位置から衝突までの時間は同じである。そこで，被告人車両が危険を感じさせた位置から衝突までの時間を求める。

　危険を感じて衝突するまでの時間 t は，空走時間 t_0 とスリップ痕印象時間 t_S を加えた時間である。

$$t = t_0 + t_s \quad \cdots\cdots\cdots\cdots\cdots\cdots\cdots\cdots\cdots\cdots\cdots\cdots\cdots\cdots\cdots\cdots\cdots\cdots\cdots\text{式(1)}$$

ただし，被害者は職業運転手であったことから空走時間を0.7秒とした。

スリップ痕印象時間は，次式で与えられる。

$$t_S = \frac{V_1 - V_2}{\mu_H g} \quad \cdots\cdots\cdots\cdots\cdots\cdots\cdots\cdots\cdots\cdots\cdots\cdots\cdots\cdots\cdots\cdots\text{式(2)}$$

ただし，V_1：被害車両のスリップ痕印象開始速度，V_2：被害車両の衝突速度，μ_Hは路面とタイヤ間の摩擦係数，gは重力加速度（9.8m/s²）である。

被害車両のスリップ痕印象直前の速度は次式で表される。

$$L = \frac{V_1^2 - V_2^2}{2\mu_H g} \quad \cdots\cdots\cdots\cdots\cdots\cdots\cdots\cdots\cdots\cdots\cdots\cdots\cdots\cdots\cdots\text{式(3)}$$

ただし，Lは被害車両のスリップ痕の長さである。式(3)から被害車両のスリップ痕印象開始時の速度V_1が求められ，スリップ痕印象時間t_Sが求められる。

次に被告人車両の横滑りして衝突するまでの時間を求め，被害車両に危険を感じさせた地点の被告人車両の速度V_0を求める。危険を感じさせた地点から衝突地点までの進行時間は，tである。

$$t = \frac{V_0 - V_X}{\mu g}$$

変形して

$$V_0 = V_X + \mu g t \quad \cdots\cdots\cdots\cdots\cdots\cdots\cdots\cdots\cdots\cdots\cdots\cdots\cdots\cdots\cdots\text{式(4)}$$

を得る。ただし，V_Xは被告人車両の衝突速度，μは，被告人車両の横滑り摩擦係数である。

被告人車両が横滑りして危険を感じさせた位置から衝突地点までの距離をSとすると，次式が成り立つ。

$$S = \frac{V_0^2 - V_X^2}{2\mu g} \cdots\cdots\cdots\cdots\cdots\cdots\cdots\cdots\cdots\cdots\cdots\cdots\cdots\cdots\cdots\cdots\text{式(5)}$$

式(4)及び式(5)から危険を感じさせた被告人車両の走行位置Sは，次式で与えられる。

$$S = \frac{(V_X + \mu g t)^2 - V_X^2}{2\mu g} = \frac{2V_X t + \mu g t^2}{2} \cdots\cdots\cdots\cdots\cdots\cdots\cdots\cdots\text{式(6)}$$

被告人に有利に考えて，被害車両のスリップ痕印象開始速度を14.79m/s，被害車両の衝突速度を9.48m/sとする。

被害車両が，危険を感じて衝突するまでの時間は，

$$t = t_0 + t_S = 0.7 + \frac{2L}{V_1 + V_2} = 0.7 + \frac{2 \times 14.6}{14.79 + 9.48} = 1.9\text{sec} \quad \cdots\cdots\cdots\cdots\text{式(7)}$$

ただし，$L = 14.6$m（スリップ痕長さ）である。

図5に両車両の衝突までの関係図を示した。

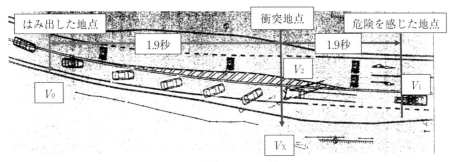

図5　衝突までの関係図

式(6)から被告人車両が被害車両に危険を感じさせた地点の被告人車両の速度V_0を求める。被告人に有利に考えて，被告人車両の衝突速度を22.14m/sとする。

$$V_0 = V_X + \mu g t = 22.14 + 0.47 \times 9.8 \times 1.9 = 30.9\text{m/s}$$
$$(111.2\text{km/h}) \cdots\cdots\cdots\cdots\cdots\cdots\text{式(8)}$$

ただし，$\mu = 0.47$（被告人車両の横滑り摩擦係数）である。

危険を感じさせて衝突するまでの距離Sは，次式となる。

$$S = \frac{2V_X t + \mu g t^2}{2} = \frac{2 \times 22.14 \times 1.9 + 0.47 \times 9.8 \times 1.9^2}{2} = 50.4\text{m} \cdots\cdots\cdots\cdots\text{式(9)}$$

警察は，被害車両から見た被告人車両のはみ出し状況を検証していた。警察が特定した，夜間における被害車両の前照灯が見える危険認知推定地点は，計算によって求めた50.4mとほぼ一致した。

3　1審判決

1審では，筆者の解析方法が有効であるとして，被告人に危険運転致死罪を適用し，懲役8年の刑を言い渡した。

4　被告人弁護側の控訴の趣旨

弁護側の控訴趣旨は，被告人車両が対向車線に進出した時点における被告人車両の速度について，原判決が111.2km/hと認定したが，せいぜい80km/hとなるはずであり，「その進行を制御することが困難な高速度で自動車を走行させた」という危険運転致死罪の構成要件を充たさないというものであった。

原審では，被告人車両の減速量を計算するための摩擦係数として，湿潤したアスファルト路面をほぼフルロックの状態で普通乗用自動車が進行する際のタイヤと路面との摩擦係数である0.47をそのまま使用しているが，被告人車両が，横滑り状態で進行した事実はなく，また，上記摩擦係数0.47には，減速に寄与しない車両の進行方向に直角方向の成分であるコーナリングフォースが含まれており，これをそのまま使用して減速量を計算することは誤っている旨の主張である。

　弁護側は，民間鑑定人による鑑定書をもって次のように反論した。弁護側は，**図6**を示し，タイヤにスリップ角が付与されて発生する力は，コーナリングフォースとコーナリング抵抗とに分解されて発生するとし，自動車を制動させるのは，コーナリング抵抗だけであると主張したものである。乾燥路面において，タイヤの横滑り限界がスリップ角（横滑り角）約10°で起こるが，ブレーキの抵抗力として作用するのは，コーナリング抵抗だけであるとして，全横力の6.6%だけ用いて計算したものであった。

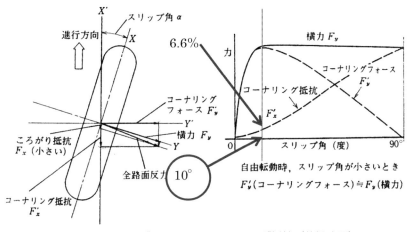

図6　コーナリングフォースとコーナリング抵抗（乾燥路面）

5　高裁の審議と判断

　高裁は，原判決を破棄し，懲役5年とした。判決の内容について考察する。まず，原判決が認定した判断の要旨を以下に示す。

ア　被告人車両と被害車両がお互いに噛み込んだ時点の角度が約120°であること，被告人車両の重心が進んできた角度が約6°ないし7°であることなどからすると，衝突時における被告人車両は横滑り状態であった。

イ　被害車両が危険を感じて印象させたタイヤ痕の長さ，被害車両のタイヤ痕印象開始時点の速度及び衝突直前の速度に物理法則を適用して，上記タイヤ痕の印象時間を計算すると約1.2秒となり，これに被害者が職業運転手であったことを考慮して空走時間約0.7秒を加えると，被害者が危険を感じてから衝突までの時間は，約1.9秒であった。

ウ　被害者が危険を感じた時点は，被告人車両が対向車線に進出した時点から被害車両に衝突した時点までの時間と同じ約1.9秒であった。

エ　被告人車両は，対向車線に進出した時点において，既に進行を制御する自由を失い，カーブに沿って曲がろうとする力よりも相当に強力な対向車線に引っ張られる力を受けながら，進行方向に対してある程度傾いた角度を形成しつつ横滑り状態で進行していったものと推測することができる。

オ　被告人車両が横滑り状態にあったことから，湿潤したアスファルト路面をほぼ四輪フ

ルロック状態で普通乗用自動車が進行する際のタイヤと路面との摩擦係数0.47を適用すべきであるという筆者の見解は合理的である。

カ　衝突直前の被告人車両の速度，被告人車両が対向車線に進出してから衝突するまでの時間を基に，上記の摩擦係数0.47を適用し，物理法則に従い計算すると，被告人車両が対向車線に進出した時点における速度は，約30.9m／s（約111.2km／h）となる。

　　高裁は，原判決の認定・判断のうち，アないしエの認定・判断は，論理則，経験則に照らして不合理といえないから，全て正当として是認できるとした。重要な点は，高裁において，エ，つまり，被告人車両が対向車線に進出した時点で，横滑り状態で進行したことを認めていたことである。

　　しかしながら，高裁は，筆者が「車両をコントロールできない横滑り状態になった場合，減速量を計算するに当たって，コーナリングフォースによって横方向に滑ったエネルギーを加えないと，エネルギー保存則が成り立たないから，コーナリング抵抗だけを取り出して計算すべきでない」と供述したことに疑問を呈した。

　　高裁は，弁護側証人として証言したA氏及びT氏を経験・学識を持った証人と認めてその証言を採用し，横滑りした状態では横力が全て制動力となるのではなく，進行方向の成分であるコーナリング抵抗のみが制動力に寄与し，進行方向に直角の成分であるコーナリングフォースは，車両を曲げる力として使われるため，制動力を計算するに当たっては，コーナリング抵抗のみを使用すべきであり，スリップ角をθとすると，タイヤの全摩擦力（横力）に$\sin\theta$をかけた値を使用する必要がある，と判決した。

　　さらに，タイヤが横滑り状態にある場合であっても，駆動力や制動力は路面に伝わり，また，曲がる力もかかるので，筆者の見解はおかしいと断じた。

　　続いて，車両の進行方向の成分であるコーナリング抵抗が車両の減速によって消費されたのに対し，車両の進行方向に直角成分であるコーナリングフォースは，車両が横方向に滑ったエネルギーとして消費されるというのであるから，車両の減速に寄与したとは言えないはずである，と判決した。

　　また，筆者の上記見解は，減速量を計算するに当たって，コーナリングフォースによって横方向に滑ったエネルギーを加えないと，エネルギー保存則が成り立たないから，コーナリング抵抗だけを取り出して計算すべきでないというものであるが，タイヤの摩擦によって失われる運動エネルギーを計算する場面であればともかく，それとは異なる車両の減速量を計算する場面において，車両の減速に寄与しないコーナリングフォースを合算して計算すべき理由としては，説得力を欠くというべきである，と判決した。

6　タイヤが発生する力と摩擦力

　　タイヤのスリップ角をθとすると，図6に示したように，コーナリングフォースとコーナリング抵抗が発生する。湿潤路面では，小さなスリップ角でタイヤの接地面が全滑りを生じ

る。全滑りを生じたタイヤは，滑り力として，コーナリングフォースとコーナリング抵抗を発生する。

タイヤが発生する力は，次式で定義され，それぞれの成分に分けて考えるものである。

コーナリング抵抗　　　$F_X' = F_X \cos\alpha + F_Y \sin\alpha$

コーナリングフォース　$F_Y' = -F_X \sin\alpha + F_Y \cos\alpha$ ………………………式(10)

両者の合力Fは，次式で表される。

$$F = F_X^2 + F_Y^2 = F_X'^2 + F_Y'^2 \cdots 式(11)$$

接地面内の滑り力の合力はFであり，荷重Wで除した値は，次式のように摩擦係数μが定義される。

$$\mu = F/W \cdots 式(12)$$

速度V_0で走行する自動車が横滑りを開始して，滑って距離D地点に達した時の速度をVとする。

横滑りする前の自動車の運動エネルギーは，次式となる。

$$\frac{1}{2}mV_0^2 \cdots 式(13)$$

ただし，mは自動車の質量である。

四輪のタイヤが距離Dを滑って進行した時の摩擦エネルギーK_1は，次式となる。

$$K_1 = \mu WD = \mu mgD, \quad W = mg \cdots 式(14)$$

距離Dを横滑りした時の摩擦エネルギー（摩擦仕事）は，式(14)のみである。

したがって，横滑り前の速度V_0は，エネルギー保存則から次式で表される。

$$\frac{1}{2}mV_0^2 = \mu mgD + \frac{1}{2}mV^2 \cdots 式(15)$$

タイヤの滑り摩擦力を縦方向と横方向に分解したとしても，式(11)から，摩擦仕事は，式(15)と同一である。もしも，コーナリング抵抗だけをエネルギー保存則として式(15)を考えると，横方向の滑り摩擦エネルギーが消費していないことになり，エネルギー保存則が成り立たない。

高裁は，被告人車両が対向車線に進出した時は，横滑り状態であったと認め，横滑り状態で，被害車両と衝突したことを認めている。タイヤの接地面が縦方向及び横方向に成分をもっていても，全滑り状態であるから，その合力Fをもって全滑りしているのであるから，滑っているときの摩擦力は，μWであり，滑った距離はDであるから，摩擦エネルギーはμWDと考えることに物理法則に照らして誤りはない。

高裁が，横滑りする車両の減速には，コーナリング抵抗だけが寄与すると断じているが，横方向成分のエネルギーを加えない限りエネルギー保存則は成り立たないのである。よって，物理法則及びタイヤ工学を理解せず，誤った判断による判決であったと認められる。

7　まとめ

　検察が裁判所に提出した弁論要旨では，筆者の適用したエネルギー保存則が理解され，十分な説明内容となっている。また，高裁におけるＡ氏の証言の矛盾点についても正確に弾劾したものであった。先に示したように，高裁では，被告人車両が対向車線に進出した時は全滑り状態であったことを認めており，このことは，式⒂が成り立つものであって，判決の全内容が科学的な見地から見て，矛盾に満ちているものであった。

事例 5-6　危険運転致死事件における速度算出の車体変形測定方法に異議を申し立てた事案

　事件は，１審で有罪の判決が言い渡された危険運転致死被告事件において，被告人から控訴の申立てがあったものである。控訴の理由として，①カーブに差し掛かる前にハイドロプレーニング現象が生じて制御できなかったこと及び②被告人車両の速度算出に際して，被告人車両の凹損量の測定について異議を申し立てたものである。本事例は，車体変形量の測定について，高等裁判所の判断について述べる。

事件の概要

　被告人が運転する普通乗用自動車が下り勾配の左カーブで道路中央線をはみ出して，対向車線を進行してきた被害者運転の軽四輪貨物自動車と正面衝突し，被害者が死亡した交通事故である。写真１は，被告人車両の進路と衝突地点を示す。

写真１　被告人車両の進路と衝突地点

1　警察の対応

　警察は，両車両の走行速度及び衝突速度を捜査するとともに，事故の原因を捜査した。その結果，被告人車両が高い速度で走行し，対向車線にはみ出したとした。事故当時，前日の雨によって路面は若干濡れた状態であったが，ハイドロプレーニング現象を起こすような水膜は存在していなかったと認められた。ただし，被告人のタイヤは，相当摩耗した状態であり，また，事故現場を捜査しているときに雨が降り，捜査報告書の写真では路面に雨がたまった状態となっていた。

　警察は，被告人車両及び被害車両の衝突時の速度を，車体変形量などからエネルギー保存則を用いて求めた。そして，事故現場のカーブの曲率半径から限界旋回速度を算出し，被告

人車両が限界旋回速度を超える速度で走行したことによりセンターラインをはみ出し，対向車と衝突したと認めた。

2　検察の対応

　検察は，警察の捜査を基に危険運転致死（予備的訴因として，自動車運転過失致死）罪を適用して起訴した。

3　1審での争点と裁判所からの鑑定依頼

　危険運転致死事件であるから，裁判員裁判である。被告人側は，警察の速度鑑定に対して民間鑑定人による速度鑑定書を提出し，起訴内容に対して全面的に争った。裁判所は，第三者の鑑定を必要として筆者に鑑定を依頼した。

4　主たる鑑定項目

⑴　被害車両の速度が35km/h及び40km/hのときの，被告人車両の衝突速度
⑵　衝突地点手前約120m地点から衝突地点までの間に，被告人車両にハイドロプレーニング現象（4輪全てに同現象が生じた場合に限らない。）が発生していたか否か
⑶　被告人車両における本件時の本件現場カーブの限界旋回速度

5　鑑定の結果

⑴　被害車両の速度が35km/h及び40km/hのときの，被告人車両の衝突速度

　衝突速度を求めるために，運動量保存則及びエネルギー保存則を用いた。ここで，両車両の相対的な衝突角度は，突合せによって約170°と明らかにされていた。被告人車両の進行角度を0°とし，被害車両の進行角度を170°とした。衝突後，両車両は一体となり，被告人車両が被害車両を押し戻した。

　そのときの運動量保存則は次式で表される。

$$m_1 V_{10} - m_2 V_{20} = (m_1 + m_2) V_{\mathrm{C}} \cdots\cdots\cdots 式(1)$$

　ただし，m_1及びm_2は，被告人車両及び被害車両の質量，V_{10}及びV_{20}は，被告人車両及び被害車両の衝突速度である。V_{C}は，衝突後，衝突した両車両が一体となって飛び出した（移動した）速度である。

　この式だけでは，衝突直前の速度は求められないので，有効衝突速度（バリア換算速度）の式から，衝突速度を求める必要がある。そこで，エネルギー保存則を用いることとした。

　エネルギー保存則は次式で表される。

$$\frac{1}{2} m_1 V_{10}^2 + \frac{1}{2} m_2 V_{20}^2 = \frac{1}{2} m_1 V_{1\mathrm{C}}^2 + \frac{1}{2} m_2 V_{2\mathrm{C}}^2 + \frac{1}{2} (m_1 + m_2) V_{\mathrm{C}}^2 \cdots\cdots 式(2)$$

ここで，

　$V_{1\mathrm{C}}$, $V_{2\mathrm{C}}$：被告人車両及び被害車両のバリア換算速度

である。

　バリア換算速度（有効衝突速度）とは，事故で生じた車体変形と等価な車体変形を，剛体壁（バリア）に衝突させて生じさせるのに必要な速度に換算した速度である。**写真2**は衝突車両の停止状況を示す。

写真2　被害車両の進路から見た停止状況

　被害車両は被告人車両に押し戻され，被告人車両と縁石部分にはさまれて停止したと認められた。ここで，飛び出し速度は，衝突後の移動した痕跡から求めるものであるが，縁石で停止したため，飛び出し速度を定めることはできなかった。

　そこで，本件の場合，V_Cを求めることが難しいので，式(1)及び式(2)からV_Cを消去し，V_{10}を求めることとした。よって，順次，次式が求められる。

$$V_C = \frac{m_1 V_{10} - m_2 V_{20}}{m_1 + m_2} \cdots\cdots\cdots\cdots\cdots\cdots\cdots\cdots\cdots\cdots\cdots\cdots\cdots\cdots\text{式(3)}$$

$$\frac{1}{2} m_1 V_{10}^2 + \frac{1}{2} m_2 V_{20}^2 = \frac{1}{2} m_1 V_{1e}^2 + \frac{1}{2} m_2 V_{2e}^2 + \frac{1}{2}(m_1 + m_2)\left(\frac{m_1 V_{10} - m_2 V_{20}}{m_1 + m_2}\right)^2$$

$$(V_{10} + V_{20})^2 = \frac{2(m_1 + m_2)}{m_1 m_2}\left(\frac{1}{2} m_1 V_{1e}^2 + \frac{1}{2} m_2 V_{2e}^2\right)$$

$$V_{10} + V_{20} = \sqrt{\frac{2(m_1 + m_2)}{m_1 m_2}\left(\frac{1}{2} m_1 V_{1e}^2 + \frac{1}{2} m_2 V_{2e}^2\right)} \cdots\cdots\cdots\cdots\cdots\text{式(4)}$$

　よって，式(4)から，被告人車両の速度を求めることとした。

　ここで，被告人車両及び被害車両の前面の変形からバリア換算速度を求める。車体変形量は，衝突前のバンパー高さにおける凹損の奥行きを測定するものである。また，凹損はバンパーを取り付けた状態で測定するものであるが，強く衝突してバンパーが脱落した場合は，そのまま奥行きを測定しバンパーがつぶれた状態で取り付けられていたとして5cm厚みを加える。凹損測定のポイントは，バンパーが取り付けられた状態でも最深部を確認して底までバンパーが押し込まれたとして，変形量を測定することである。

　裁判所から依頼されたのは，被害車両の速度が35km/h及び40km/hのときの，被告人車両の速度であり，式(4)から，次のように求められた。

被害車両の速度が，35km/h（9.72m/s）のとき，被告人車両の速度は，
84.2km/h（23.4m/s）となった。

被害車両の速度が，40km/h（11.11m/s）のとき被告人車両の速度は，
79.2km/h（22.0m/s）となった。

　本件で問題になったのは，被告人車両の変形量の測定値であった。被告人側の鑑定人の変形量と筆者の変形量は大きく異なったものであった。

　図1は，被告人側鑑定人が測定した車体変形量と筆者が測定した車体変形量を比較した図である。変形量は，平均値で10cmもの差異が認められた。被告人側鑑定人の車体変形量は，バンパー高さとボンネット先端の奥行き変形量を測定し，両者の中間を最終変形量としたものであった。被告人車両のボンネットはバンパー位置よりも大きな凹損が認められていた。前述のとおり，バリア換算速度を求めるための車体変形量は，バンパー高さの位置での奥行きを測定するものであり，ボンネットやルーフなどの変形を考慮しないものである。

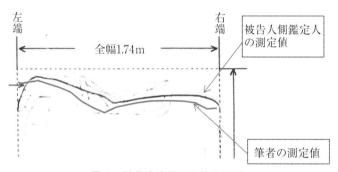

図1　被告人車両の車体変形図

　図1に示されるように，被告人側鑑定人の測定値は，バンパーとボンネットの測定値の平均値であるから，バンパー高さにおける筆者との凹損量の測定値には，大きな差異が認められた。

⑵　衝突突地点手前約120m地点から衝突地点までの間に，被告人車両にハイドロプレーニング現象（4輪全てに同現象が生じた場合に限らない）が発生していたか否か

　写真3は，事故後の事故車両の停止状況を示している。路面を見ると，わだちが形成され，水がたまった状態である。しかしながら，それ以外の部分には，水たまりが形成されていない。事故時は小雨状態で，被告人車両は間欠ワイパーを使用していたようである。また，前夜から事故時まで，降雨量は極めて少なく，路面がしっとりしていただけで，水が路面を覆うような状況であったとは考えられなかった。このことから，ハイドロプレーニング現象が起こる状態であったとは考えられなかった。

写真3　わだちにたまった水の状況

　図2は，交通事故現場見取図を示している。この図は，事故の翌日に見分されたものである。

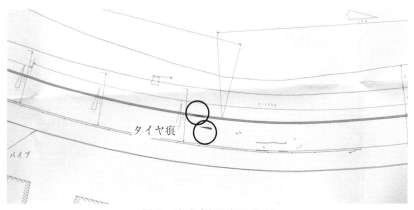

図2　交通事故現場見取図

　事故後は，降雨のため湿潤状態で路面の痕跡が見にくかったため，路面が乾燥してから見分したものである。見分では，路面に被告人車両の制動痕が印象され，タイヤが路面に密着し，摩擦していたと認められた。さらに，1本のタイヤ痕は，ちょうど右輪のわだちの部分に印象されていた。ブレーキをかけたことによるスリップである。ハイドロプレーニング現象が起きたとすれば，タイヤ痕は，印象されない。前輪が水膜に浮いた状態で，後輪がロックしたとすると，車両はスピンするのが一般的である。このことからも，被告人車両のタイヤは，タイヤが浮くハイドロプレーニング現象は起こらなかったと認められた。

　本件の事故の原因は，高速度で下り急カーブに差し掛かり，曲がれないと感じて急制動したためタイヤをロックさせ，滑走したことにより事故になったものであり，ハイドロプレーニング現象が起きたことによるものではないと判断された。

　被告人は，衝突地点107.2m手前の地点において，ブレーキを踏んだが前輪2輪はハイドロプレーニング現象が発生し，後輪2輪しか制動が効かなかったことから，被告人車両のブレーキの効きは非常に悪く，ハンドルは全く効かない状態であったと主張した。しかしなが

ら，107.2mの地点でハンドルが効かない状態であったとするならば，進行方向が変化しないことになり，最初の緩やかにカーブした道路に沿って曲がれず，衝突地点に到達しない。被告人車両は，衝突直前付近でロックさせたため，真っすぐ対向車線に進行して被害車両と衝突したものであると認められた。

　また，被告人車両のタイヤ痕が衝突直前に印象されているが，ブレーキ装置は，常に前輪が強く，後輪のブレーキ力の約2倍である。それは，前輪が回転し後輪がロックすると，スピン現象を起こすためである。したがって，路面に印象されたブレーキ痕は前輪と考えられ，ブレーキは効いていたと認められた。

　被告人は，わだちに車輪がはまってハイドロプレーニング現象が起きたと主張したが，わだちは大型車のわだちであり，普通車では左右の片側車輪しかわだちに入らず，全輪が浮くことは考えられない。

⑶　被告人車両における本件時の本件現場カーブの限界旋回速度

　本件事故現場カーブの旋回半径Rは，150mとなっている。摩擦係数は前述の速度計算に用いた0.5（警察の現場測定値）と考えて，限界旋回速度を考えた。摩擦係数を大きくすれば，限界旋回速度も大きくなるが，前述の速度計算結果も大きくなるので，摩擦係数は問題ではなく，旋回半径が重要になる。

　半径Rの限界旋回速度V_{CR}の式は，次式で表される。

$$V_{CR} = \sqrt{\mu g R} = \sqrt{0.5 \times 9.8 \times 150} = 27.11 \text{m/s （97.6km/h）}$$

　よって，摩擦係数を0.5としたが，この場合，限界旋回速度は，97.6km/hであり，被告人車両の事故現場付近の走行速度がすなわち，限界旋回速度であり，正常な運転が困難な走行速度であったと認められた。

6　裁判所の判断

　1審の判断は，危険運転致死罪で懲役5年とした。

7　被告人側の控訴

　被告人は1審の判決を不服として高等裁判所に控訴した。控訴理由は，被告人は速度80km/hで走行していたところ，ハイドロプレーニング現象が生じたため，自車の進行を制御できなくなったものであり，高速度で走行したことではない。筆者の測定したフロントバンパーの凹損量が最大35cmと測定されたのに対し，被告人側鑑定人では約26cmと測定され，警察のステレオカメラで撮影した立体写真を基に作成した車両損傷図に基づいたバンパーの凹損量は約25cmであり，筆者のバンパー凹損量と大きく異なっており，筆者が誤った凹損量で，速度を計算したものであると主張した。

8　高等裁判所での審議

　高等裁判所は，被告人の控訴の申立てを受けて，筆者に，裁判官立会いのもと被告人車両

のバンパー高さの変形量を測定することを要請した。被告人車両は，警察署に保管されていたので，警察署において，裁判官，検察官及び弁護人，被告人立会いのもとに筆者が凹損量を計測した。筆者は，バンパーの奥の最深部を計測する意味や重要性を示した。その後，警察署のガレージ内を簡易法廷としてテーブルと椅子が用意され，筆者への証人尋問が行われた。

9　高等裁判所の判断

高等裁判所の判断の要旨は，「確かにバンパーの凹損量に関する測定結果は，両鑑定で大きく異なっている」とし，バンパーの凹損量は，両鑑定を比較すると平均して10cm以上の差がある。原審段階ではこの点について問題とせず，どちらの測定値が信用できるかという点に焦点を当てた立証もなされなかった。そこで，当審において，事実取調べとして，筆者を立会いに被告人車両を検証することとした。

「バリア換算速度は，もともと一般財団法人日本自動車研究所において，衝突実験からバンパーの押し込み量を測定してエネルギー吸収図が作成され，これに当てはめるものであるから，バンパーの凹損量からバリア換算速度を求めるしかない。被告人側鑑定人は，ボンネットの凹損までも利用しているがそれは誤りである。警察はステレオカメラで撮影した写真を基に作成した変形からバリア換算速度を求めているが，バンパーは，一旦押し込まれても少し戻るものであるから，最深部を確認して凹損量とすることは妥当であ」り，筆者のバリア換算速度算出方法に誤りがないと判断した。

ハイドロプレーニング現象の有無については，「道路が湾曲していることから，湾曲に沿って被告人車両が水膜上を滑るとは考えられないこと，わだちの車輪間距離は，大型車によるもので乗用車の車輪間距離と整合しないことなどから，ハイドロプレーニング現象が生じたとは考えられないとした原判決に不合理な点はない」として，本件控訴を棄却し原審の判決のとおり懲役5年と判決した。

10　まとめ

弁護人は，筆者の著書には，車体変形量は，バンパーの高さで測定してエネルギー吸収図を用いると記載しているが，バンパーの裏側の損傷状況を加味して最深部を測定することを記載していないし，ほかにそのような文献がないから客観性にも正確性にも欠けると主張した。裁判所は，金属材料を含む製品加工には，必ずスプリングバックという変形戻りが起こることは周知のことであり，衝突においてもその後，バンパーの変形が元に戻ろうとすると考えることは妥当であり，弁護人の主張は失当であるとして退けたものである。

警察はステレオカメラで撮影された図を基に測定した車体凹損を単純にエネルギー吸収図に当てはめることがあるが，実際にバンパーの後ろの変形を確認しておくことを忘れてはならない。

事例 5-7 2名が自動車競走を共謀し，一般道を高速度で走行し，殊更赤信号無視して事故に至った危険運転致死傷事件

本事例は，被告人らが酒を飲んだ状態で，自動車競走を目的として出発地点から事故現場まで約3.6km区間の国道を100km/hを超える速度で走行し，事故を起こしたものである。

家族5人で乗車していた被害車両は，交差点内を青信号で通過していたところ，被告人車両に衝突され，4名が死亡し1名が寝たきりの重傷を負ったものである。

被告人らは，危険運転致死傷，道路交通法違反で起訴されたものである。

事件の概要

事件は，6月初旬の午後10時34分頃，信号機の設置された交差点内で起こった。被告人らは，居酒屋で酒を飲んだ後，自動車競走を目的として高速度で自動車を走らせ，事故現場の交差点を赤信号であったにもかかわらず，殊更赤信号を無視して進行した。先行して走行していた被告人車両Tが被害車両の側面と衝突し，被害車両は，被告人車両Tの進行方向に飛び出し，衝突直後に回転しながら約74m進行して停止した。この間，道路左の縁石に衝突するなど，大きな抵抗を受けて停止した。

被告人車両Tは，衝突後，進路右方向の中央分離帯方向に飛び出し，中央分離帯の縁石を乗り越え，中央分離帯中央の街路灯と前面から衝突し，街路灯を倒しながら，右回転し，中央分離帯から自車進路の車線に後部車体を突き出した状態で停止した。図1は，衝突状況を図化したものである。

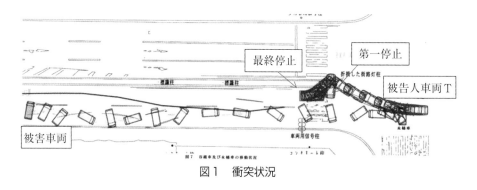

図1　衝突状況

被告人車両Tは，後部を自車進路道路にはみ出して停止したところ，後続して来た被告人車両Kと衝突して，最終的に反対向きに停止した。

被害車両の後部席に乗車していた被害者2名が車外に放出され，そのうち1名が被告

人車両Kに轢過され，1.5km引きずられて死亡した。

　被害車両に乗車していた5名のうち4名が死亡し，1名が重体であった。

　写真1は，被告人車両Tの停止状況である。街路灯が曲損し，被告人車両Tは，衝突によって車両火災を起こした。

写真1　被告人車両Tの停止状況

1　警察の捜査

　警察は，車両の損傷や路面痕跡など詳細に捜査した。**写真2**は，被害車両の停止直前までの路面痕跡を示す。横滑り痕が印象されている。

写真2　被害車両の停止直前までの路面痕跡

　写真3及び**写真4**は，被告人車両T及び被害車両の損傷状況を示す。被害車両の側面が大きく凹損していることが分かる。

　警察の捜査の重点は，被告人車両Kによって被害者の1人が1.5km轢過され，引きずられて死亡したことについて，被告人車両Kの殺人罪適用を念頭にした捜査及び被告人車両らが走行した経路の防犯カメラによる走行速度の解析であった。

162

写真3　被告人車両Tの損傷状況

写真4　被害車両の損傷状況

2　捜査の問題点

　写真5は，引きずられた被害者の路面痕跡を示す。後続して走行してきた被告人車両K
は，被害者を引きずりながら，また，停止した被害車両をよけながら逃走していることが分
かる。

　問題点は，衝突から停止までの路面痕跡の詳細な検
証がなされず，被告人車両Kと被害車両それぞれのタ
イヤ痕の長さが測定されていないこと，衝突車両同士
の突合せが不十分だったこと，衝突速度解析が不十分
だったことである。

写真5　引きずられた被害者の路面痕跡

　3か所の防犯カメラに被告車両の走行状況が記録されており，科学捜査研究所の技術職員によって解析された。同一の防犯カメラを用いて，ポールを車両に見立てて走行状況を再現し，防犯カメラの一コマごとの移動距離と移動時間から，撮影された間の走行速度を算出している。ポールを使用して解析していることから，第一走行帯と第二走行帯のいずれを走行していたかを明確に判定できないため，第一走行帯と第二走行帯それぞれを走行していた場合に分けて解析し，速度の範囲が，130～170km/hと幅が広く解析された。これは，ポールを使用するのではなく，実際の車を道路に置いて解析すればいずれの車線を走行していたか明確にできるため，速度解析の精度が高まったものと考えられる。

3　検察の対応

　検察は，「被告人2名が共謀して赤信号を殊更に無視して自動車の競争走行をした」と主張したが，弁護側は「共謀はなく，前方不注意（サングラスを拾おうとしたと主張）の過失にすぎない」と主張し，対立した。

　検察は，科学捜査研究所の衝突速度解析の結果が幅広い数値であったこと，弁護側も鑑定人の鑑定書を提出したことから，筆者に衝突速度の鑑定を依頼した。

4　鑑定結果

　図2は，路面痕跡図を示す。

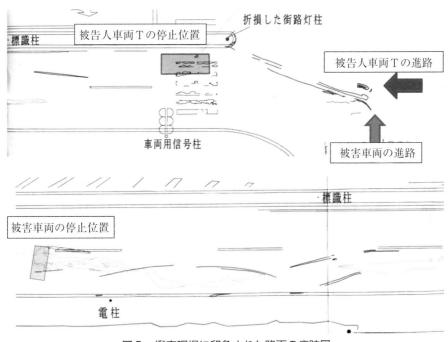

図2　衝突現場に印象された路面の痕跡図

164

被告人車両Ｔと被害車両は，ほぼ直角に衝突し，互いの衝突部位が変形終了後，それぞれの方向に飛び出したものである。図３は，路面の痕跡図上に被告人車両Ｔ及び被害車両の衝突状況を示したものである。

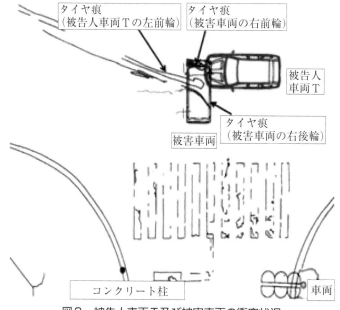

図３　被告人車両Ｔ及び被害車両の衝突状況

被告人車両Ｔは，変形終了後，被害車両の運動を受け，被告人車両Ｔの進路より右方向に移動を開始し，中央分離帯の縁石に乗り上げ，被告人車両Ｔの前部左部分が街路灯に斜めに衝突し，街路灯を折損させて上から見て時計回りに回転して，同車の尻が持ち上がった状態で横向きになった。被害車両は，変形終了後，被告人車両Ｔの走行の大きなエネルギーを受け，被告人車両Ｔの進路方向に飛び出し，上から見て反時計回りに回転しながら，約74m先に停止した。

さらに，中央分離帯に尻が持ち上がった状態で横向きになった被告人車両Ｔの後部バンパー右角に，後続走行してきた被告人車両Ｋの右側ドア部が衝突したが，被告人車両Ｋはそのまま逃走した。被告人車両Ｔは，横向きから，これまでの進路とは反対向きに停止した。

(1)　衝突速度の解析

自動車同士が衝突した事故において，衝突速度を解析するためには，運動量保存則及びエネルギー保存則を用いて計算するのが一般的な方法である。

運動量保存則は，次式で与えられている。

$$m_A V_A \cos\beta_A + m_B V_B \cos\beta_B = m_A V_{SA} \cos\alpha_A + m_B V_{SB} \cos\alpha_B \quad \cdots\cdots 式(1)$$

$$m_A V_A \sin\beta_A + m_B V_B \sin\beta_B = m_A V_{SA} \sin\alpha_A + m_B V_{SB} \sin\alpha_B \quad \cdots\cdots 式(2)$$

ただし，m_A：Ａ車（被告人車両Ｔ）の車両質量（乗員重量を含む2,295kg）

m_B：Ｂ車（被害車両）の車両質量（乗員重量を含む1,252kg）

V_A：Ａ車（被告人車両Ｔ）の衝突直前の速度（m/s）

V_B：B車（被害車両）の衝突直前の速度（m/s）

V_SA：A車（被告人車両T）の衝突直後の飛び出し速度（m/s）

V_SB：B車（被害車両）の衝突直後の飛び出し速度（m/s）

β_A：A車（被告人車両T）の衝突角度

β_B：B車（被害車両）の衝突角度

α_A：A車（被告人車両T）の衝突直後の飛び出し角度

α_B：B車（被害車両）の衝突直後の飛び出し角度

である。ただし，乗員質量などは，鑑定資料による。

エネルギー保存則は，次式で与えられる。

$$\frac{1}{2}m_\mathrm{A}V_\mathrm{A}^2 + \frac{1}{2}m_\mathrm{B}V_\mathrm{B}^2 = E_\mathrm{A} + E_\mathrm{B} + \frac{1}{2}m_\mathrm{A}V_\mathrm{SA}^2 + \frac{1}{2}m_\mathrm{B}V_\mathrm{SB}^2 \cdots\cdots\text{式(3)}$$

ただし，E_A：A車（被告人車両T）の衝突によって生じた凹損の吸収エネルギー（J）

　　　　E_B：B車（被害車両）の衝突によって生じた凹損の吸収エネルギー（J）

である。

式(1)，(2)及び(3)を連立させることによって，A車及びB車の衝突直前の速度を求める。式(1)及び(2)において，衝突角度及び衝突直後の飛び出し角度は，路面の痕跡から求めることができる。さらに，B車の回転移動距離から，衝突直後の飛び出し速度を求めることはできるが，A車は，街路灯柱に衝突して停止しており，街路灯柱の変形による吸収エネルギーを考慮することは困難であるため，直接衝突直後の飛び出し速度を求めることはできない。

数式は3式あり，未知数も3個（A車及びB車の衝突直前速度，A車の衝突直後の飛び出し速度）であるから，式(1)，(2)及び(3)を用いることによって，それらを数学的に求めることができる。ここで，被告人車両Tの最深部の変形は，被害車両の硬いBピラーに衝突し，速度が速かったため，街路灯柱に衝突しても変形が生じていない。したがって，被告人車両Tの前面は，街路灯柱に衝突しても変形によるエネルギー吸収がほとんど生じなかったと認められ，被告人車両Tの飛び出し速度の消費は，路面の摩擦，縁石との衝突及び街路灯柱の折損によって消費されたと考えることができた。

⑵　B車の衝突直後の飛び出し速度V_SB

B車は，衝突直後に回転しながら約74m（L_B）進行して停止した。この間，道路左の縁石に衝突するなど，大きな抵抗を受けて停止したと認められるから，回転しながら停止するまでの摩擦係数μ_Bを0.6と考えることができる。

よって，B車の衝突直後の飛び出し速度V_SBは，次式で求められる。

$$V_\mathrm{SB} = \sqrt{2\mu_\mathrm{B}gL_\mathrm{B}} = \sqrt{2\times0.6\times9.8\times74} = 29.5\mathrm{m/s} \cdots\cdots\text{式(4)}$$

ただし，gは重力加速度（9.8m/s²）である。

A車の衝突角度β_Aを0°とすると，B車の衝突角度β_Bは，90°である。

また，衝突直後の飛び出し角度は，図4を参照して，A車は約11°（$\alpha_\mathrm{A}=11°$），B車は約2°（$\alpha_\mathrm{B}=2°$）とした。

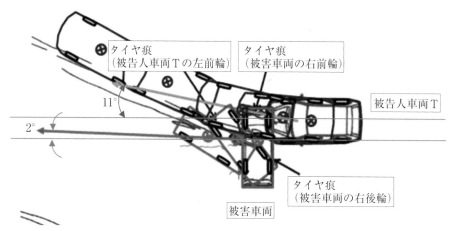

図4　衝突直後の飛び出し角度

(3)　車体変形による吸収エネルギー E_A，E_B

　車体変形は，警察の捜査によって測定されていた。この図を参照して車体の凹損を求め，エネルギー吸収分布図から，吸収エネルギーE_A，E_Bを求めた。

　図5は，被告人車両Tの前面の変形図をFR型のエネルギー吸収分布図に当てはめたものである。変形した部分の数値の総数N_Aは，14036.8となった。

　よって，変形による吸収エネルギーは，次式で与えられる。

$$E_A = N_A \times 重力加速度（9.8m/s^2）\times 全幅 = 14036.8 \times 9.8 \times 1.87$$
$$= 257238.4（J）$$

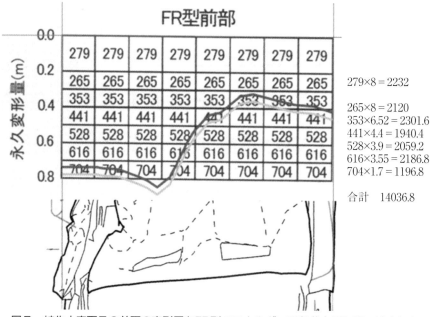

図5　被告人車両Tの前面の変形図をFR型のエネルギー吸収分布図に当てはめたもの

　　図6は，被害車両の右側面の変形図を側面のエネルギー吸収分布図に当てはめたものである。

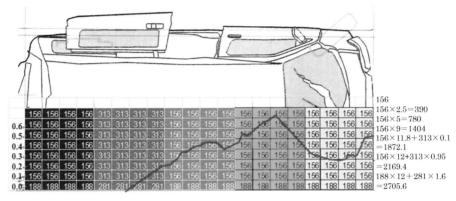

図6　被害車両の右側面の変形図を側面のエネルギー吸収分布図に当てはめたもの

変形した部分の数値の総数N_Bは，9477.1となる。

よって，変形による吸収エネルギーは，次式で与えられる。

$$E_B = N_B \times 重力加速度（9.8\mathrm{m/s}^2）\times 全長/5 = 9477.1 \times 9.8 \times 3.39/5$$
$$= 62969.6（J）$$

式(1)を変形して，次式のように飛び出し速度V_{SA}を求める。

$$V_{SA} = \frac{1}{\cos\alpha_A}V_A - \frac{m_B}{m_A}\frac{\cos\alpha_B}{\cos\alpha_A}V_{SB} \quad\cdots\cdots\cdots\cdots\cdots\cdots\cdots\cdots\cdots式(5)$$

式(2)から，V_Bを次式のように求める。

$$V_B = \frac{m_A}{m_B}\tan\alpha_A V_A - (\tan\alpha_A\cos\alpha_B - \sin\alpha_B)V_{SB}\cdots\cdots\cdots\cdots\cdots\cdots\cdots式(6)$$

式(5)及び(6)を式(3)に代入すると次式を得る。

$$\frac{1}{2}m_A V_A^2 + \frac{1}{2}m_B\left(\frac{m_A}{m_B}\tan\alpha_A V_A - (\tan\alpha_A\cos\alpha_B - \sin\alpha_B)V_{SB}\right)^2$$
$$= E_A + E_B + \frac{1}{2}m_A\left(\frac{1}{\cos\alpha_A}V_A - \frac{m_B}{m_A}\frac{\cos\alpha_B}{\cos\alpha_A}V_{SB}\right)^2 + \frac{1}{2}m_B V_{SB}^2\cdots\cdots\cdots\cdots式(7)$$

式(7)を変形すると，

$$V_A^2 + \frac{m_B}{m_A}\left(\frac{m_A}{m_B}\tan\alpha_A V_A - (\tan\alpha_A\cos\alpha_B - \sin\alpha_B)\right)V_{SB}^2$$
$$= \frac{2(E_A + E_B)}{m_A} + \left(\frac{1}{\cos\alpha_A}V_A - \frac{m_B}{m_A}\frac{\cos\alpha_B}{\cos\alpha_A}V_{SB}\right)^2 + \frac{m_B}{m_A}V_{SB}^2\cdots\cdots\cdots\cdots\cdots\cdots式(8)$$

となる。

168

ここで，

$$C_1 = \frac{1}{\cos \alpha_A}$$

$$C_2 = \frac{m_B}{m_A} \frac{\cos \alpha_B}{\cos \alpha_A} V_{SB}$$

$$D_1 = \frac{m_A}{m_B} \tan \alpha_A$$

$$D_2 = (\tan \alpha_A \cos \alpha_B - \sin \alpha_B) V_{SB}$$

$$\cdots\cdots\cdots\cdots\cdots\cdots\cdots\cdots\cdots\cdots\cdots\cdots\cdots 式(9)$$

とおく。

式(8)をV_Aで整理すると，

$$V_A^2 \left(1 + \frac{m_B}{m_A} D_1^2 - C_1^2\right) + 2\left(C_1 C_2 - \frac{m_B}{m_A} D_1 D_2\right) V_A + \frac{m_B}{m_A} D_2^2 - C_2^2$$

$$-\frac{2(E_A + E_B)}{m_A} - \frac{m_B}{m_A} V_{SB}^2 = 0 \cdots\cdots\cdots\cdots\cdots\cdots\cdots\cdots 式(10)$$

ここで，

$$A_1 = 1 + \frac{m_B}{m_A} D_1^2 - C_1^2$$

$$A_2 = \left(C_1 C_2 - \frac{m_B}{m_A} D_1 D_2\right) / A_1$$

$$A_3 = \left(\frac{m_B}{m_A} D_2^2 - C_2^2 - \frac{2(E_A + E_B)}{m_A} - \frac{m_B}{m_A} V_{SB}^2\right) / A_1$$

$$\cdots\cdots\cdots\cdots\cdots\cdots\cdots 式(11)$$

とおいて，2次方程式とし，

$$V_A^2 + 2A_2 V_A + A_3 = 0 \cdots\cdots\cdots\cdots\cdots\cdots\cdots\cdots\cdots\cdots\cdots 式(12)$$

これを解くと

$$V_A = -A_2 + \sqrt{A_2^2 - A_3} \cdots\cdots\cdots\cdots\cdots\cdots\cdots\cdots\cdots\cdots 式(13)$$

を得る。

同様に，

$$V_B = D_1 V_A - D_2$$

$$V_{SA} = C_1 V_A - C_2 \cdots\cdots\cdots\cdots\cdots\cdots\cdots\cdots\cdots\cdots\cdots\cdots 式(14)$$

と求められる。

よって，数値を代入すると，以下のように速度がそれぞれ計算される。

$V_A = 31.05 \mathrm{m/s}$（111.8km/h）

$V_B = 6.36 \mathrm{m/s}$（22.9km/h）

$V_{SA} = 15.25 \mathrm{m/s}$（54.9km/h）

となる。

　　ここで，弁護側鑑定のように，飛び出し角度を$\alpha_A = 12°$，$\alpha_B = 10°$とおくと，

　　　$V_A = 30.03\text{m/s}$（108.1km/h）

　　　$V_B = 10.65\text{m/s}$（38.34km/h）

　　　$V_{SA} = 14.51\text{m/s}$（52.2km/h）

と得られる。

　　よって，飛び出し角度によって，衝突速度に大きな差異がないことが分かる。

　　以上の結果から，青信号で進行する被害車両に対して，赤信号を無視して走行した被告人車両Tが被害車両の進路に対してほぼ直角に衝突し，被害車両を回転させながら約74mも被告人車両Tの進路方向に押し出し，被告人車両Tは，自車進路の右斜め方向に飛び出し，縁石に衝突後，街路灯柱と衝突して，車両の後部を自車進路にはみ出した格好で横向きに停止した。

　　この解析は，数学的に厳格に求められたものである。

5　裁判での争い

　　筆者の被告人車両Tの衝突速度の鑑定結果は，111.8km/hであったが，弁護側の鑑定人の速度は114km/h〜140km/hというものであった。筆者の鑑定による速度の方が遅いことから衝突速度は争いがないと思っていたが，弁護側から鑑定不同意として証人尋問が行われた。弁護側からの主たる尋問は，街路灯の衝突による凹損が大きくあったのではないかというものであった。筆者は，被告人車両Tの見分を行って凹損の状況を確認していたが，ポール衝突の場合，変形は顕著な丸形状となるのが一般的であるが，それは認められなかったので，変形はなかったと供述できた。

　　弁護側の鑑定人は，被告人車両Tの飛び出し速度が求められないことから，根拠のない，平均減速係数を提案して速度を計算したもので，明らかに防犯カメラ解析の結果と整合する鑑定を作ったというものであった。

6　裁判所の判断

　　裁判所は，被告人らには自動車運転死傷処罰法違反（危険運転致死傷罪）及び道路交通法違反（ひき逃げ）が適用されるとして，懲役23年の判決を言い渡した。両被告人の共謀が認められたものとなった。

　　被告人らは，高裁に控訴したが，高裁は控訴を棄却した。その後被告人うち１名が上告，もう１名は上告を断念し，平成29年１月に１人の刑が確定した。

7　まとめ

　　飲酒後の無謀な運転行為によって瞬時に一家４人が死亡し，１人が重体となる重大事件であった。検察が，これまでに判例の無い危険運転行為の共謀罪として起訴し，裁判所がそれに対して有罪の判決を下したことに大きな意義があると考える。警察は，最先端技術を用い

て捜査し，鑑定の精度向上を図ること，そのためにも組織的に鑑識及び鑑定の人員の教育と育成に努力することが必要であると，筆者が裁判に係って思うところである。

第6章
ひき逃げ事故

6-1

歩行者事故
—衝突後に逃走して被害者を車底部に巻き込み引きずった殺人事件—

本事例では，少年が酒気帯びで歩行者をはね，被害者を車底部に引きずりながら逃走した事案について述べる。本事例は，引きずっていることを認識しながら約700mも走行したことによって，被害者を死に至らしめたとして，検察が罪状を殺人として起訴したものである。

事件の概要

本事件は，被告人が，午前0時過ぎに，酒気を帯びた状態で普通乗用自動車を運転し，比較的狭い商業道路を走行していたところ，同道路を被告人と同じ方向に向かって並んで歩いていた2名の歩行者の後方から衝突し，救護措置をとることなく逃走し，1名の頭部に大きな傷害を与え，もう1名を被告人の車底部に巻き込んで引きずり，死亡させたものである。

図1は，被告人車両の走行状況と被害者の移動状況を示す。被害者1は，被告人車両の前面の左端に衝突したため，被告人車両の左方向に飛翔した。このとき，被害者の頭部が被告人車両の左Aピラーという堅い柱に衝突し骨折したものである。

被害者2は，衝突後，腰部及び背中をボンネットに打ち付け，頭部をフロントガラスに打ち付けた。

図1に示されるように，被告人車両は，衝突後，一旦はハンドルを右に操作したが，その後直進している。被害者2が，被告人車両の車底部に巻き込まれ路面にこすられた痕跡があることから，被告人車両の運転状況が明らかになった。

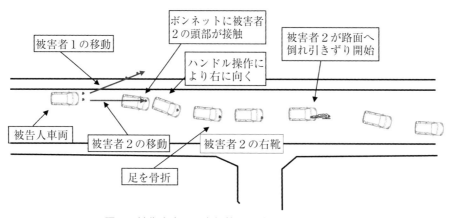

図1　被告人車両の走行状況と被害者の移動状況

　　被害者2の損傷状況は，右足の指付け根付近が骨折，数百m引きずられたため，体中が路面に引きずられた損傷などがあった。被害者2が履いていた右靴は，足のつま先付近に路面とこすれてできた小さな穴が開いていた。

　　被告人は，衝突直後，停止することなく逃走しようと被害者2を引きずりながら道路を右に左に進行し，途中，約300m地点で一旦停止するも，さらに進行し，約700m先で被害者が車底部からはずれたものであった。被告人車両が，約300m先で一旦停止したとき，被害者が悲鳴をあげ，近隣の住民が聞いている状況であった。

　　被告人は，衝突により気が動転していたこと，被害者が高く跳ね上がり，その間に加速したので，自車の後方に被害者が落下したものと思って逃走したもので，走行中に人を引きずった抵抗を感じたり，悲鳴を聞いたりなどしていないと主張し，殺人罪を否定した。

1　警察の対応

　警察は，被告人車両が被害者2を前方にはね飛ばし，その上，車底部に被害者2を巻き込んで約700m引きずったと考え，殺人罪を視野に入れて検察に送致したものであった。

2　検察の対応

　検察は，被告人が，①被告人が人を衝突させたことを認識していたこと，②被害者2を被告人車両のフロントバンパー下部に衝突させて轢過したことを認識していたこと，③被害者2を引きずって走行した際，相当程度の抵抗を感じたはずであること，④一旦停止した後の発進時に，より一層強い抵抗を感じたはずであること，⑤被害者2の悲鳴を聞いたはずであること，⑥前記②から⑤を認識し得ないほどの精神状態ではなかったこと，⑦被告人車両の同乗者も引きずっていることを認識していたこと，⑧被告人の弁解が信用できないことなどから，被告人には殺人の確定的故意があったとして殺人罪で起訴した。

3　筆者への鑑定依頼

　警察は，罪名を殺人として送致したことから，以下について鑑定を依頼した。
⑴　被害者2に対する衝突状況，路上に転落するまでの被害者2の体の動き，車底部への巻き込み状況，引きずり状況
⑵　第1現場（衝突地点）から第2現場間（被害者2が倒れていた地点）における被告人運転車両の状況

4　鑑定内容

⑴　被害者2に対する衝突状況，路上に転落するまでの被害者2の体の動き，車底部への巻き込み状況，引きずり状況
　歩行者事故において，衝突速度を求める方法は，衝突前後に危険を感じて，ブレーキを踏

んで，車両が印象させたタイヤ痕の長さから求める，あるいは，歩行者の衝突地点から停止までの飛翔距離から求めるのが一般的である。本事件においてはブレーキ痕がなく，ブレーキを強くかけていないため，2名の歩行者の衝突地点からの飛翔距離から求めることはできない。そこで，衝突状態を検討して衝突速度を推定し，40〜50km/hであるとした。

　一般的な歩行者事故の挙動について以下に述べる。

・ブレーキが作用して衝突した場合

　ブレーキが作用した状態で衝突した場合，歩行者は車両の速度をもらって前方に飛び出すが，車両は制動力が作用するので，歩行者より速度が減速されて歩行者の転倒停止位置より手前に停止できる。したがって，適切なブレーキ操作を行えば，はねた被害者を再び轢過することはない。これは，はねてからブレーキ操作しても同様で，ボンネットから路面に落下した歩行者を轢過することはない。

・衝突してから制動した場合

　歩行者と衝突して，空走時間を経過して急制動させたとき，人と車両は，ブレーキが効くまで同じ速度で，運動を継続する。歩行者は衝突によって上に跳ね上がって，制動力が作用する前にフロントガラスに落下する。その後，制動力が作用することによって，歩行者は車両のボンネットから前方に飛び出し落下するが，車両は，歩行者を轢過することなく，歩行者の直前に停止できる。

・衝突して加速した場合

　図2に示すように，速度が50km/h以上の速度で衝突し（速度が50km/h以下であれば，被害者がルーフまで高く跳ね上がらない。），上に跳ね上がっている状態で加速した場合，上方に跳ね上げた歩行者を追い越すため，被害者はまもなくルーフに落下し，ルーフに凹損が発生する。この場合，被害者は，車両の後ろに落下するので車両は被害者を轢過しない。

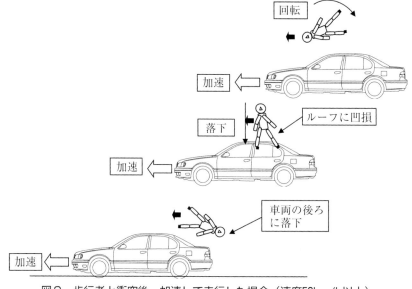

図2　歩行者と衝突後，加速して走行した場合（速度50km/h以上）

　このように衝突前にブレーキをかけて制動した場合，衝突してからブレーキをかけて制動した場合，衝突して加速した場合では，歩行者の挙動が異なる。

　本事件は，被告人車両のバンパー，ボンネット，フロントガラスは大きく損傷していた。被告人車両のボンネットには血痕，毛髪及び擦過痕が下方向に向かって残されていた。この血痕は，被害者2のものとDNA型鑑定で判明した。衝突時に出血する損傷は頭部であり，髪の毛も付着していたことから，被害者2は，ボンネットの左部分から下方向に擦過したと認められる。

　被告人車両のフロントガラスはくもの巣状に損傷し，ワイパーブレードは，被害者によって上にずらされ，被害者の頭部とともにフロントガラスに押し込まれ，ひび割れていた。ひび割れの状況は，ワイパーがガラスと被害者の間にあったことを示している。

　ここで，歩行者事故の捜査のポイントは，被害者と車両の衝突部位を突き合わせることである。

　写真1は，被害者2を想定して被告人車両が衝突した状況を示す。被害者2は，後方から衝突され，足が跳ね上げられたと認められる。被害者2の靴底面が縦方向に擦過していた。このことから，このとき右足指先付近が骨折などの損傷を負うことなく，跳ね上げられたと認められた。

写真1　被害者2を想定して被告人車両が衝突した状況

　写真2は，被害者2を想定して被告人車両のボンネットの凹損と被害者の衝突位置を突き合わせたものである。ボンネットの凹損は，全て被害者の腰，両腕等と一致した。したがって，ボンネットの凹損は，最初の衝突時に生じたもので，跳ね上げられて落下したときのものではないと認められた。

　写真3は，被害者がボンネット上部にずり上がった状況を突き合わせたものである。これらの状況から，被害者2は，被告人車両に衝突し，頭部がフロントガラスにめり込んだ後，若干跳ね上がり，ハンドル操作などの影響により半身がねじられながら頭部からボンネットに落下した。落下したとき被害者2の体は，ボンネットのフロントガラスに近い場所に頭部，足はゆっくり下方に落下し，ボンネット右先端方向に足が垂れた状態であったと推定された。

写真2　被告人車両のボンネットの凹損と被害者の衝突位置の突合せ

写真3　被害者2がボンネット上部にずり上がった状況の突合せ

　被告人車両のブレーキは効いていない状態であるから，被害者2は，被告人車両と同じ速度で進行するため，ボンネット上にとどまろうとしたが，被告人車両のボンネット先端が下がった形状であったことから，右フロントグリルをすりながら落下し，このとき，グリルに被害者2の着衣の赤い繊維を付着させた。被害者2は足からずり落ちたため，右足が路面に着いたとき，靴がこすれて穴が開き，路面とバンパー下部によって右足指先を骨折した。被害者2の右靴は，骨折後，脱げて道路右端付近に落下したと認められた。

　右足指先の骨折状況は，外側のくるぶし側が路面とこすれているから，被害者2の体は，右側部を下にして路面に倒れたと推定される。その状態で，被害者2は被告人車両の車底部に引きずられたと認められる。被害者2の右足が骨折した後，頭部が被告人車両の右バンパー下部に接触し，血液を付着させたと推定された。

　図3は，被害者2の推定される衝突時及び衝突後の移動状況を図化したものである。被害者2は，被告人車両のほぼ正面で歩行中に後ろから衝突された。

　被害者2の頭部が，フロントガラスと衝突した後，左側ボンネットに血液とともにずり痕を印象させているのは，被告人が衝突中にハンドルを右に操作して，被告人車両が若干右に向きを変えた状態となったためと認められた。

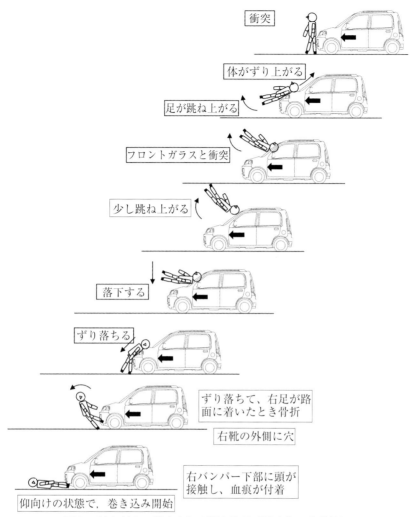

衝突

体がずり上がる

足が跳ね上がる

フロントガラスと衝突

少し跳ね上がる

落下する

ずり落ちる

ずり落ちて、右足が路面に着いたとき骨折

右靴の外側に穴

右バンパー下部に頭が接触し、血痕が付着

仰向けの状態で、巻き込み開始

図3　被害者2の推定される衝突時及び衝突後の移動状況

　被害者2は，被告人車両のボンネットを足からずり落ち，右側バンパー下部で右足が骨折し，足の移動と同様の位置をたどって，右側フロントグリルを体がすり，そのとき赤い繊維を付着させ，その後，頭部が路面に落下した。このときすでに腰及び足は，車体底部に巻き込まれた状態で，その後，体は仰向けの状態で頭部が右バンパーと接触して血液を付着させたと認められる。

⑵　第1現場（衝突地点）から第2現場間（被害者2が倒れていた地点）における被告人運転車両の状況

　被害者1及び被害者2は，並んで道路左を被告人車両の進行方向に歩行していた。被告人は，被害者らを認めてハンドル操作及びブレーキ操作を行ったが間に合わずに衝突したと供述している。衝突直後の被害者2の頭部のボンネットへの擦過痕位置から，被告人が右にハンドル操作したことは供述に偽りはないと認められる。しかしながら，被害者2のボンネットからの落下などからブレーキ操作を施したとは認められない。ブレーキを操作したとする

178

と，被害者2の頭部は手前となり，足は進行方向となって路面に落下するからである。また，足指先を骨折することもない。

　さらに，被告人車両の車底部の状況を明らかにした。

　図4は，被告人車両の車底部の払拭痕，血痕，毛髪及び付着物の痕跡の状況を示している。丸印は，血痕や毛髪の付着部である。車底部に血痕や毛髪を付着できるのは，被害者2の頭部と認められるので，この丸印を被告人車両の前部から後部にたどれば被害者2の頭部の移動状況となる。この図から，被害者2は，車底部を左右に移動していることが分かる。このことは，被告人車両が直線道路を走行していたにもかかわらず，左右にハンドル操作して走行したことを示している。

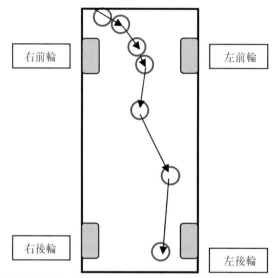

図4　被告人車両の車底部の払拭痕，血痕，毛髪及び付着物の痕跡の状況

　被告人車両の衝突地点から被害者2の終端部までの運転挙動は，被害者2の頭部が車底部を左右に移動しており，また，被害者2の路面のずり痕が物語るように，ハンドル操作によって車体を左右に振り，道路を左右に移動したことが認められた。特に図5に示したように，衝突を避けるための自然動作として事故回避のための右方向へのハンドル操作以外に，被害者2を自車前方に落下させて巻き込んだ際，直進状態であったにもかかわらず，さらにハンドルを右に切り，さらにハンドルを左右に振り回して，道路左に進行した行為は，被害者2が車底部に巻き込まれていることを知った上で振りはずそうとした，不自然なハンドル操作と認められた。

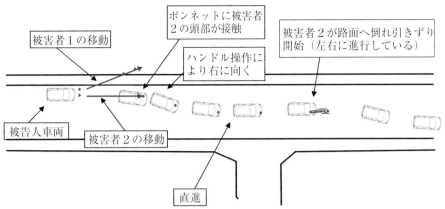

被害者1の移動

ボンネットに被害者2の頭部が接触

被害者2が路面へ倒れ引きずり開始（左右に進行している）

ハンドル操作により右に向く

被告人車両

被害者2の移動

直進

図5　被告人車両の衝突直後の車両挙動とハンドル操作

5　まとめ

　検察は，被告人に懲役20年を求刑し，裁判所は殺人罪を適用し懲役17年とした。これまで，轢過，引きずり事件において，被告人が，車底部に人を巻き込んで引きずった認識を強く否定し，証明することが困難であることなどからひき逃げ事件として起訴されなかったケースがある。しかしながら，様々なダミー実験では，轢過の認識がないとは考えられず，また，通常の運転手は，車底部に小石であろうと他に何か触っただけでも感じるものである。

　本事例は緻密な捜査によって，衝突状況，引きずられ状況などを明らかにしたものである。

事例 6-2 追突のトラブルから被害者を車底部に巻き込んで逃走した殺人未遂事件

　事例6-1において，歩行者と衝突後，歩行者を車底部に巻き込んで逃走した殺人事件について述べた。この判決では，被害者の悲鳴，速度変化等の異常から，被告人には引きずった認識があり，後に一旦停止したと認められ，引きずりを続ければ死亡させるかもしれないとの認識があり，未必の故意があったと認定して懲役17年の判決を言い渡したものであった。運転を経験している者にとって，車底部における引きずりやタイヤによる人の轢過の認識がないことは考えられないのである。

　筆者は，警察とともに路面の痕跡及び車底部の痕跡，被害者の損傷，衣服の損傷などを精査し，逃走の最初から，被害者の引きずりの認識があったことについて明らかにしたが，裁判所は，悲鳴が聞こえたことを主な根拠として殺意を認めたもので，車底部に人が巻き込まれていることを認識できない可能性があるとしたものであった。被害者が悲鳴を発せられるケースはまれで，この悲鳴が発せられなかったとしたら，裁判所は被告人の殺人の故意を認めなかったと考えられる。

　本事例は，同様の事件で被害者を車底部に巻き込んで逃走した，引きずり事件について述べる。

事件の概要

　被告人は，脱法ハーブを服用して車を運転し，信号で停止していた被害車両に追突，被害者と口論中に被害者を暴行し，被害者が警察に通報している間に，自車に乗り込み急発進させ，被害車両をはね飛ばし，被告人車両の前面に立ちふさがる被害者に対し，殺意をもって，衝突させて路上に転倒させ，その身体を車底部に巻き込み，同人の身体を車底部と路面の間に圧迫したまま同所から約236mの間，約80km/hに加速するなどして同人を引きずり，同人に全治不詳の右後頭部から側頭部皮膚欠損骨露出などの傷害を負わせたものである。被告人の罪状は，暴行，殺人未遂，危険運転致傷であった。

1　警察の対応

　被害者は，被告人車両に衝突されたのち，被告人車両が停止することなく進行したため，路面に仰向けに転倒し，被告人車両がそのまま更に進行したことにより車底部に巻き込まれ，相当長い距離を引きずられることになった。図1に示すように，被告人車両の逃走経路には，被害者の引きずり痕と被告人車両の右前輪の空転したタイヤ痕が印象されていた。この痕跡の機序について，警察は筆者に調書作成を依頼した。

　被告人車両の右前輪のタイヤ痕は，被害者が車底部に巻き込まれたことによって，右前輪

が若干浮いた状態になり，アクセルを強く踏んだとき，左前輪はグリップするが右前輪は空転し，路面にタイヤがスリップした痕跡を印象する。被告人車両は，前輪駆動車で，エンジンから伝達する駆動力がデファレンシャルギアによって，左右に回転が分配される。しかしながら，片側の車輪が浮いた場合，浮いた車輪に回転が取られ猛回転し空転痕が路面に印象される。路面とグリップしているタイヤには少ししか回転が伝わらず，速度がなかなか上がらない現象が生じる。そのため，運転者は，強く抵抗を感じることを調書で述べた。

　被害者は，被告人車両に200m以上引きずられ，手足などの損傷はもちろんであるが，頭部があと1mmでも削られたなら，死亡するほどの損傷を受けたものである。

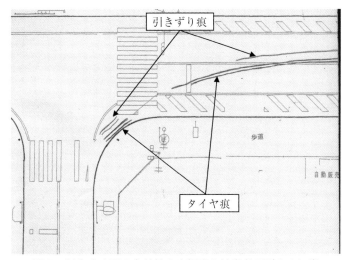

図1　被告人車両の右前輪の空転痕と被害者の引きずり痕

2　検察の対応

　検察は，警察の取調べ状況から被告人を殺人未遂で起訴した。起訴するに当たって，検察は，筆者に以下の項目について鑑定を依頼した。

鑑定項目

⑴　被害者の被告人運転車両車底部への巻き込み状況，引きずり状況

⑵　被害者に対する衝突地点付近から同人が路上に放出された地点までにおける被告人運転車両の状況

⑶　その他参考事項

3　鑑定経過

⑴　被害者の被告人運転車両車底部への巻き込み状況，引きずり状況

　被告人車両は，被害者車両に追突し，その後，被害者が携帯電話で話をしていたところ，被害者の車両に衝突させ，同人と衝突して逃走した。

　図2は，被害者が被告人車両の前に立っている状況を示す。被告人車両は，この状況でそのまま前方に進行した。

図2　被害車両に後方から衝突後，停止させようとした被害者と衝突した状況

運転席から被害者が車両の前面に衝突したことが認識できるし，速度が低速であっても衝突音や衝撃を感じると認められた。

被害者は若干ボンネットに乗り上げた後，被告人車両がそのまま進行すると，足から下にずり落ち，ほぼ仰向けの状態で路面に倒れたと認められた。

図1に示したように，被害者は，転倒して車底部に巻き込まれ，引きずりが開始された。引きずりが開始された地点には，右前輪の空転痕も印象開始された。

被告人車両は，右折進行し逃走した。被害者は，被告人車両と衝突後，被告人車両に倒され，仰向けに路面に倒れ，足先から被告人車両の車底部に入った。図1のタイヤ痕は，制動によるタイヤ痕ではなく，急加速する駆動輪が路面を擦ったため印象されたタイヤ痕で，いわゆる空転したことによるものであり，被害者が車底部にはさまり，右前輪の荷重が軽くなった状態で急加速したために，タイヤ痕が印象されたものと認められた。したがって，衝突後引きずり開始時は，被害者は被告人車両の車底部の右寄りの運転席下付近にいたと認められた。

図3は，被告人車両の車底部に印象された痕跡を図示したものである。被害者は，被告人車両の右側車底部に巻き込まれたが，走行中に，左側に移動したものと推定された。これらの痕跡を詳細に調べることが重要で，被害者の移動痕跡が左右にずれることは，被告人は車底部に人を引きずっていることを認識し，振りはずそうとハンドル操作をしたことを示している。さらに，路面に印象される被害者の引きずり状況から，被害者が道路の右や左に移動されていることを明確にすることができる。大きなハンドル操作をせずに走行したケースでは，車底部の被害者は，左右に振れることはなく，車底部の痕跡は直線的に印象される。このような捜査は基本であり，これによって「被害者が死ぬかもしれないが何が何でも逃走しようとした」と考えることができる。

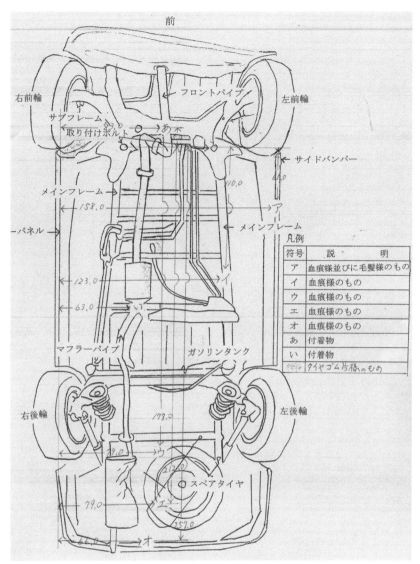

図3　被告人車両の車底部に印象された痕跡

　図4は，路面に印象された，被害者が引きずられた痕跡と，被告人車両の右前輪が空転したタイヤ痕を示したものである。この図から，被害者は，被告人車両に相当長い距離引きずられたことが分かる。

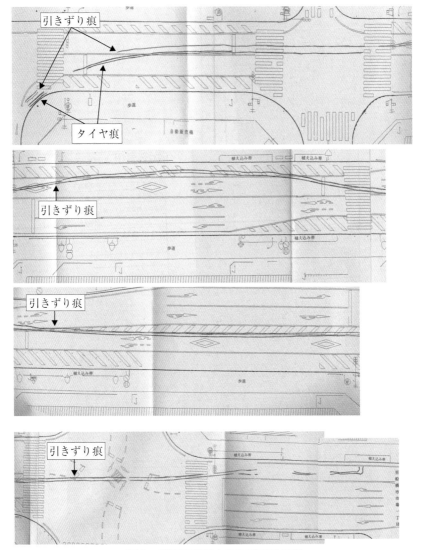

図4　路面に印象された引きずり痕

　タイヤ痕が切れた地点は，被告人車両の車底部で引きずられた被害者の身体が移動し，左右前輪の荷重がほぼ均等になって，右前輪が空転しなくなった地点と認められた。

　図3に示されたように車底部の左サイドバンパーに被害者の髪の毛と血痕が付着し，中央部後方にかけて血痕が付着している。被害者は，熱傷を負っていた。これは，被告人車両の車底部の高熱を持った排気管，マフラーなどに，被害者の皮膚が長い時間接触しながら引きずられたことによって生じたものと認められた。他に，被害者には，アスファルト路面と摩擦したことによる擦過傷等も認められた。

　これらの受傷状況から，被害者は，被告人車両の車底部で強くこすられ，車両の走行に対しても強い抵抗があったと認められた。

⑵　被害者に対する衝突地点付近から同人が路上に放出された地点までにおける被告人運転車両の状況

　被告人運転車両は，遅くとも被害者と衝突した時点で，被害者が前面に立っていたことを

認識していたと認められた。目撃者の証言から，被告人車両は，被害車両と衝突し，その後，目撃者の情報により両車両が車半分程度離れた状態でいたところ，被告人は自車に乗り込み，自車を急発進させ被害車両と衝突させ，さらに被告人車両の前にいた被害者をはねたものであった。被害者の立った位置は，被告人車両が右方向に逃走する経路であり，その前に立つ被害者を見落とすとは考えられなかった。

　被告人は，車体が被害者を巻き込んだときに運転席側付近でぐにゃっとした感覚や，急加速したとき右前輪が空転し，タイヤのスリップする音やアクセルに対する車両の抵抗から，被害者を車底部に巻き込んだことを認識できたと認められた。

　写真1に，被告人車両の右前輪が空転して印象させたタイヤ痕を示す。

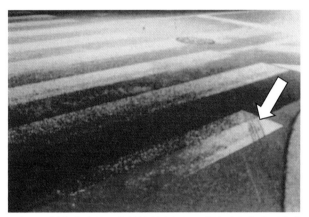

写真1　被告人車両の右前輪が空転して印象されたタイヤ痕

　これは，被告人車両が被害者を巻き込んだ直後に右旋回しているときに印象した空転のタイヤ痕である。

　写真2は，右前輪のタイヤ表面を撮影したものである。さらに，右前輪のタイヤハウスには，トレッドゴム粉が飛び散って付着した痕跡が残されていたことも，タイヤが長く空転したことを示すものである。

写真2　右前輪のタイヤ表面

　このタイヤの極度の摩耗痕跡は，右前輪にのみ存在し，他のタイヤには見られないものであった。この摩耗痕は，タイヤ踏面の全周にわたって存在し，空転したことを示すものである。

　図4に示したように，被告人車両は，タイヤの空転がなくなるまで，急加速しながら道路の車線内を走行しているが，左方向のゼブラゾーン方向にハンドルを切った付近からタイヤの空転痕がなくなっていた。ハンドルを切ったことによって，被害者が車底部を移動し，右前輪の荷重が通常の状態に戻ったため，タイヤの空転痕がなくなったと認められた。また，被告人がハンドルを切った方向のゼブラゾーンには，ポストコーンが設置されていた。

　写真3に空転痕の終了状況とポストコーン方向に極端に進路変更した状況を示す。被告人は，被害者を車底部に巻き込んだ状態であったことを認識していたため左にハンドルを切り，ポストコーン方向にハンドルを操作して車底部の被害者をポストコーンによってずりはずそうとしたと認められた。車底部のどの付近に人が巻き込まれているかは，運転する者にとって，明確に体に感じられるものである。したがって，故意にハンドル操作してずりはずそうとポストコーンに被害者をこすらせたと認められた。

写真3　空転痕の終了状況とポストコーン方向に極端に進路変更した状況

　写真4にポストコーンと引きずり痕の状況を示す。

写真4　ポストコーンと引きずり痕の状況

ポストコーンには，被害者の毛髪などが付着していた。また，その付近には，被害者の毛髪が散乱していた。

さらに，被告人車両は被害者を巻き込んだままでいまだに外れなかったことから，道路左からの右方向のセンターラインにハンドルを切って走行を続けたものであった。

4　裁判所の判断

検察の起訴内容は殺人未遂で求刑は懲役13年であった。裁判所の判決は，路面，車底部の痕跡及び被害者の損傷などから，逃走した被告人に対して殺意を認め，求刑どおりの重い刑罰であった。

5　まとめ

事例6－1における事案と本事例とは，被告人が道路を右に左に走行して逃走し，車底部にも被害者が左右に移動した痕跡が認められた同様の事案である。しかしながら，裁判所の有罪認定の根拠は大きく異なったものであった。裁判所には，運転を経験している者の経験則を踏まえた，適切な認定をお願いしたいが，捜査官としては，いかなる判決が出されようと，ここで示した路面の痕跡や車底部の痕跡，被害者の損傷を精査して，犯罪を立証し，適切に判断できる捜査をすることが重要である。

ひき逃げ事件が殺人事件と判明した事案について

　道路に轢過された状態で横たわっていた被害者が発見され，ひき逃げ事件として捜査が開始された。被害者の身体には，多数の損傷が認められ，多重轢過の疑いがあった。その後，道路に落下していた部品から，被疑車両が発見され，その車底部を捜査した結果，被疑車両にも多数の生地痕，払拭痕が認められたことから，同一車両による轢過ではないかという疑いがもたれた。捜査は，交通部と刑事部が担当することとなったものである。

事件の概要

　平成23年6月の早朝，S市路上にて，被害者男性の死体が発見された。同日，Y市にある被害者の住居前路上にて，被害者の血痕や被害者の所有物と思われる散乱物が発見された。また，同所から，車両の脱落物と思われるアンダーカバーが発見され，同カバーに被害者の血液が付着していた。同月，C市の複合駐車場において，アンダーカバーが欠落した被疑車両が発見された。

　被害者が路上に倒れていたことから，当初ひき逃げ事件として交通部が捜査を担当したが，被害者の住居前の路上に血痕や被害者の所有物らしきものが散乱していたことなどから，被害者が轢過されたあと，別の場所に運ばれたものと考えられた。しかし，被疑車両が発見され，車底部を捜査するにしたがって，被害者の多数の傷に対して，被疑車両の車底部の痕跡とが多数一致したことから，被疑車両1台で轢過された殺人事件の疑いが浮上し，刑事事件として捜査が行われたものである。

1　警察の対応

　警察は，被害者の損傷及び被疑車両の車底部の損傷を詳細に捜査した。ここで，重要なポイントは，被害者の身体と着衣の損傷と被疑車両の車底部に印象された痕跡との突合せを行い，轢過の状況を明らかにすることである。

　被害者の身体に認められた損傷状況は，多数の損傷が認められ，被害者の損傷部位に対応した出血量では，多い場所と少ない場所とに大別された。轢過解析には，交通事故被害者の損傷状況や出血量などは重要な判断資料の一つである。

　交通事故被害者の身体の損傷部位に出血が認められることは，生前に交通事故に遭ったことの証拠となる。本件の被害者の身体に認められた各損傷の出血量は多いところと少ないところが認められ，一般的に，生前の出血であっても，出血量が少ない場合，死亡間近の損傷による出血であるといわれている。被害者の身体に認められる出血量の違いは，交通事故が単独事故なのか，複数車両が絡んだ多重轢過事故なのかを判断する材料となる。

主な損傷を以下に示す。
- ⒜　被害者の右足には，複数の骨折
- ⒝　右下腿部に広範囲のデコルマン
- ⒞　身体や着衣にタイヤ痕様の痕跡や車底部等による衝突痕・接触痕が多数
- ⒟　左下腿前面に印象された線条痕
- ⒠　右側胸腹部に表皮剥奪及び骨折
- ⒡　左肩骨折
- ⒢　下腹部に線条痕
- ⒣　左腕骨折とタイヤ痕
- ⒤　右手甲に表皮剥奪及び骨折
- ⒥　右腹部に突起物による挫傷

なお，被害者の顔面・頭部には，車体への衝突痕や路面への転倒痕なし。足にバンパー創なし。

被害者着衣の主な痕跡を以下に示す。
- ⒜　下衣左下腿部に線条痕
- ⒝　下衣の下腹部に横方向の引き裂き痕
- ⒞　下衣背部のベルト通しにタイヤ痕

　警察の捜査によって，被疑車両が被害者を轢過した際に脱落した部品と被疑車両の車底部の取り付け部の突合せが最初に行われ，被疑車両から脱落した部品であることの特定が行われた。しかしながら，科学捜査研究所では，明確にそれらが一致するとは断定されなかった。また，警察は，被害者の轢過状況の再現実験など，詳細な捜査を行った。

　警察は，被疑者が被害者を故意に轢過した殺人の犯罪証明のために，被疑車両の車底部の痕跡と被害者の身体及び着衣に印象された痕跡と車底部の突合せを筆者とともに行い，筆者にこれら痕跡の鑑定と轢過状況についての鑑定を依頼した。

2　検察の対応

　検察は，殺人事件であり，被疑者がほかに覚醒剤使用，多数の暴行事件，さらには，他の殺人事件に対する犯罪も疑われていたことから，慎重に捜査を進めた。

3　鑑定内容と鑑定結果

警察から依頼された鑑定内容を以下に示す。
1　被害者の左腕に印象されたタイヤ痕が被疑車両装着タイヤと一致するか否か
2　被害者と被疑車両の接触の有無及び部位，接触があるとした場合の接触時の状況及びその前後の挙動の推定
3　被害者と被疑車両以外の車両との接触の有無及び部位，接触があるとした場合の接触

時の状況及びその前後の挙動の推定

　警察の依頼によって，筆者は，警察とともに車底部の痕跡と被害者及び被害者着衣等が一致するか否かを捜査した。

⑴　被害者の左腕骨折とタイヤ痕

　写真1に，被害者の左腕のタイヤ痕を示す。被害者の左腕には，タイヤ痕が印象され，骨折が認められた。しかしながら，骨折にもかかわらず出血がほとんど認められなかったことから，絶命後に轢過されたものと認められた。したがって，最後に轢過されたものと認められた。

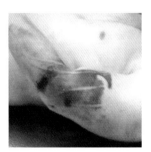

写真1　被害者の左腕のタイヤ痕

　写真2に，被疑車両が装着していたタイヤを示す。左後輪だけが摩耗したタイヤであることが認められ，**写真3**の突合せによって，被害者の左腕を轢過したタイヤであると認められた。

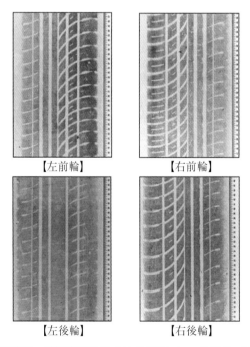

【左前輪】　　　　　【右前輪】

【左後輪】　　　　　【右後輪】

写真2　被疑車両のタイヤ4本のトレッドパターン

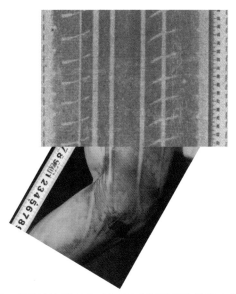

写真3　被害者左腕のタイヤ痕と被疑車両左後輪の突合せ

　参考であるが，**写真1**に示したように，絶命した被害者が轢過された場合は，タイヤの溝部分は白く印象され，**写真4**に示すように，生きた被害者がタイヤで轢過された場合は，タイヤの溝部分が赤くタイヤ模様が印象される。

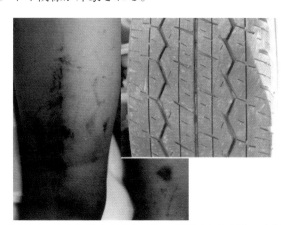

写真4　生きた被害者がタイヤで轢過された場合の痕跡

(2)　被害者の左下腿部及び下衣左下腿部の線条痕と被疑車両のデファレンシャルケース
　　写真5に，被害者の左下腿部及び下衣左下腿部の線条痕を示す。

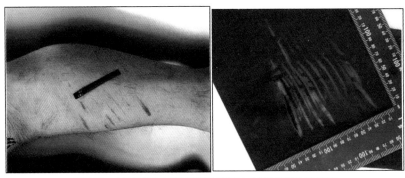

写真5　被害者の左下腿部及び下衣左下腿部の線条痕

　被害者の左下腿部及び下衣左下腿部には，極めて規則的な線条痕が印象され，**写真6**に示す被疑車両のデファレンシャルケースのフィンと線上のピッチなどが一致した。よって，被害者は，被疑車両の車底部のデファレンシャルケースのフィンと強く接触したと認められた。

写真6　被疑車両のデファレンシャルケースのフィン

(3)　被害者の右側胸腹部に表皮剥奪

　写真7に，被害者の右側胸腹部の表皮剥奪を示す。被害者は，胸腹部に28cmの幅で表皮剥奪が認められ，被疑車両の車底部に強く衝突したと考えられた。**写真8**に，被疑車両の車底部から脱落していたアンダーカバーの同等品を取り付けたものを示す。このアンダーカバーは，路面に脱落していたものである。被疑車両のアンダーカバーが被害者の右側胸部に強く衝突し，脱落したものと認められた。

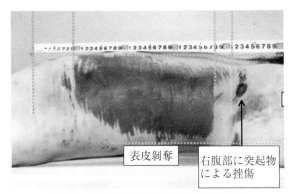

写真7　被害者の右側胸腹部の表皮剥奪

写真8　被疑車両の車底部から脱落していたアンダーカバーの同等品を取り付けたもの

⑷　被害者の下衣背部ベルト通しの線条痕（タイヤ痕）

　写真9に，被害者の下衣背部ベルト通しのタイヤ痕を示す。被害者の下衣背部ベルト通し部分に線条痕が印象されていた。これは，写真10に示すように，被疑車両の左前輪タイヤ内側のサイドウォール部の線条模様であると認められた。それは，左前輪内側のサイドウォール表面にパンクした時の引きずり痕が認められ，ベルト通しの線条痕と一致したからである。

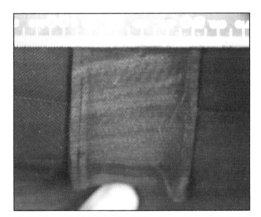

写真9　被害者の下衣背部ベルト通しの線条痕

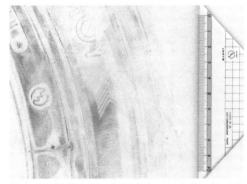

写真10　被害車両の左前輪タイヤ内部のサイドウォール部の線条模様

⑸　被害者の下衣腹部（表面）の線条痕

　写真11に，被害者の下腹部の線条痕を示し，写真12に被害者の下衣腹部（表面）の破断部位を示す（○を記した場所）。この損傷は，写真13に示すように，被疑車両の前面下部に設置された牽引用フックの先端部によって損傷したと認められた。この損傷状態から，最初に通過した時に損傷したものと推定された。

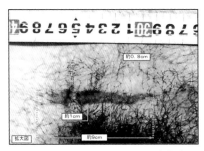

写真11　被害者の下腹部の線条痕

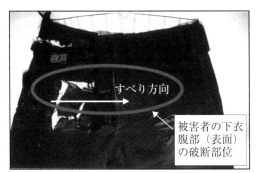

写真12　被害者の下衣腹部（表面）の破断部位

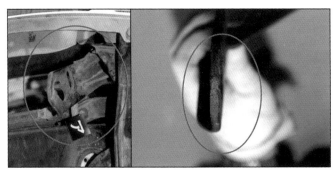

写真13　被疑車両の前面下部に設置された牽引用フックの先端部

(6)　被害者の手の甲の損傷

　写真14は，被害者の手の甲の損傷を示す。

　被害者の手の甲には，タイヤで轢過されたと思慮される損傷が認められた。

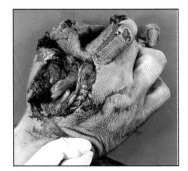

写真14　被害者の手の甲の損傷

(7)　被害者住居前の路面の痕跡

　被害者住居前の路面には，写真15に示すように，タイヤ痕及び血痕が印象されていた。進路の先は，垣根であり，前進後，バックする以外進行することができないと認められる。

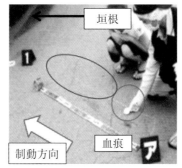

写真15　被害者住居前路面のタイヤ痕及び血痕

以上の事柄を詳細に解析すると，轢過の順序が判明した。

第一轢過

　仰向けに倒れた被害者を左前輪で肩口から轢過し，その際，被害者の下腹部に被疑車両の牽引フックが接触した。さらに，被疑車両は前方に進行し，左前輪部分によって，被害者がうつ伏せに回転し，垣根が目前に迫ったため，急制動して右手を左前輪が轢過し，路面に制動痕と血痕を印象させた（**写真16**を参照）。

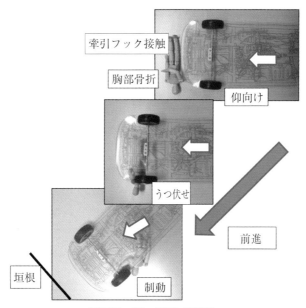

写真16　第一轢過（前進）

第二轢過

　前方に垣根があるため，後退し，うつ伏せになった被害者を左前輪で轢過した（**写真17**を参照）。

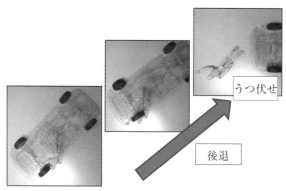

写真17　第二轢過（後退）

第三轢過

　うつ伏せの被害者を左前輪で轢過し，この時，左前輪の内側のサイドウォールがベルト通しに痕跡を印象させた。前輪が通過した際に，仰向けに回転し，左下肢が被疑車両のデファレンシャルケースのフィンと接触し，左後輪が被害者の下腿部に接触したとき，デコルマンを印象させて制動停止した（**写真18**を参照）。

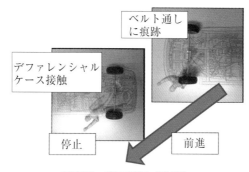

写真18　第三轢過（前進）

第四轢過

　後退して，被害者を左前輪で轢過し，仰向けにした。

第五轢過

　前進して再度，被害者の胸部を左前輪で轢過し，その後，アンダーカバーが被害者の胸部と衝突し，アンダーカバーが脱落した。被害者の右腹部が燃料フィルターの突起物に接触し，そこを中心に反時計回りに回転したところ，うつ伏せとなって，左後輪が被害者の左腕を轢過し，タイヤ痕を印象させ，そのまま通過して逃走したと認められた（**写真19**を参照）。

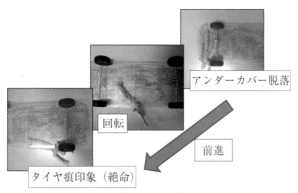

アンダーカバー脱落

回転

前進

タイヤ痕印象（絶命）

写真19 第五轢過

4 裁判所の判断

　殺人事件のため，裁判員裁判であった。被告人は，路上に横たわった被害者を轢過した交通事故であり，1回の轢過であると強く主張し，殺人について無罪を主張して検察側と争った。被告人には他の罪状もあったため，検察は，懲役30年を求刑したが，判決では，強い殺意をもって，少なくとも3回の前進で被害者を轢過したものと認定でき，被害者を故意に殺害したものであるとして，懲役28年を言い渡した。弁護側は，1審を不服として控訴したが高裁で棄却された。

5 まとめ

　多数の損傷を受けた被害者の損傷から，同一車両が何回も轢過したものであると証明する捜査は，極めて困難な作業であった。本事例では，死者の損傷部位の血液の状態，タイヤ痕の印象状況，着衣の痕跡と車底部の突合せなど，警察の緻密な鑑識活動がなされたことによって，ゆるぎない轢過状態を特定することができたものである。本事例が，轢過事件の捜査の参考になれば幸いである。

第7章
タイヤバースト事故

事例 7 ： 事故の原因をタイヤの故障を理由に 無罪を主張した危険運転被告事件

　山間の国道で乗用車が横転し，３名が死亡した交通事故事件で，危険運転致死罪に問われた裁判員裁判について述べる。本事例は，警察が被告人車両の走行速度を鑑定し，検察がそれを基に危険運転致死罪で起訴した事案であるが，弁護側は鑑定された被告人車両の走行速度を不服として，裁判所鑑定を要求したものである。裁判所は筆者に鑑定を依頼することを決定したが，弁護側は不服として受け入れなかったため，検察，弁護側双方が独自に鑑定書を提出して法廷で争うこととなった異例の事件であった。

事件の概要

　本事例は，普通乗用自動車を運転していた被告人が，山間道路の国道の左カーブにおいて，対向車線に進出し，右前方の深い側溝に脱輪し，その後回転しながら擁壁に右側面を衝突させて，道路上で横転し，運転手を除く３名が死亡した交通事故である。事故現場の状況は，山間地であることから，カーブの多い道路状況である。事故は，山から下りてきた下りカーブで起きた。

　図１は，交通事故現場見取図である。左カーブから右カーブに切り替わる道路上に印象された横滑り痕が記載されている。図１に示されるように，白ペイントの部分だけに被告人車両が印象させた真新しい横滑り痕が印象されていた。

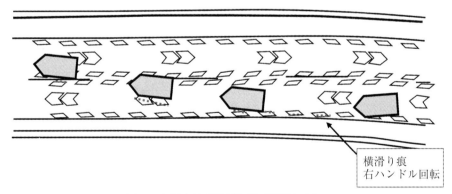

図１　交通事故現場見取図（横滑り痕）

　図２は，対向車線進出後の交通事故現場見取図で，道路右の側溝に向かう途中の白ペイントに横滑り痕が認められ，側溝に擦過痕及び側溝の先に横滑りした痕跡が認められている。

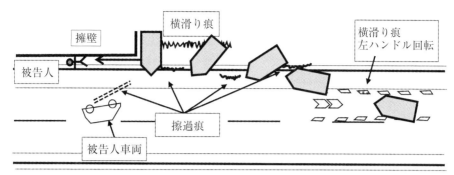

図2　対向車線進出後の交通事故現場見取図（横滑り痕，擦過痕）

被告人車両は，道路左から右に横滑りしながら側溝に向かい，右前輪を側溝に落下させた。右前輪が落下したことにより右前輪が止められ，車両が反時計回りに回転し，右後輪が側溝の向こうの土の上に落下し横滑りしながら横向きになったところで，擁壁に自車の右側面を衝突させた。被告人は，運転席から右方向に放出された。他の3名の乗員は，車室内に衝突し，変形した車内に閉じ込められた状態で死亡した。

1　警察の対応

警察は，3名もの若い命が失われた事故ということもあり，路面の痕跡，車両見分など慎重に捜査を行った。

写真1〜写真4は，車両挙動解析装置を用いて，タイヤ痕から車両挙動を解析している状況である。

写真1　タイヤ痕による車両挙動検証状況(1)

写真2　タイヤ痕による車両挙動検証状況⑵

写真3　タイヤ痕による車両挙動検証状況⑶

写真4　タイヤ痕による車両挙動検証状況⑷

　図3は，警察が被告人車両の走行速度を解析するために用いた横滑り痕の曲率半径の測定結果を示す。警察は，白ペイントに印象された真新しい横滑り痕の円弧の曲率半径を求め，曲率半径Rから，被告人車両の限界旋回速度V_{CR}を求めた。

$$V_{CR} = \sqrt{\mu g R}$$ ……………………………………………………………………………………式⑴

μはタイヤと路面間の摩擦係数で，警察は0.7とおいた。gは，重力加速度9.8m/s²である。

　ここで，計算に用いたタイヤ痕の円弧は，タ¹からタ⁹の円弧から求めている。つまり，タイヤ痕の印象開始地点に近い箇所で円弧の半径を求めており，印象開始地点の被告人車両の走行速度に近い速度を求めている。もしも，タ¹から対向車線の擁壁の付近までの円弧を

とって半径を求めた場合は，半径は小さく計測され，印象開始地点の速度より低い速度が算
出される。

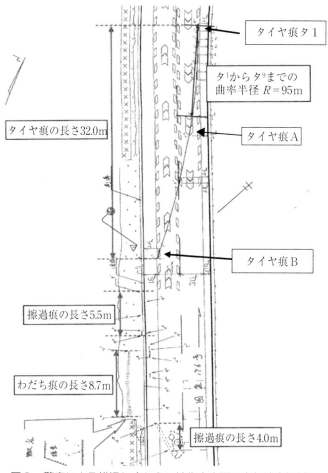

図３　警察による横滑り痕からの被告人車両の走行速度解析図

２　検察の対応

　検察は，危険運転致死罪を適用して被告人を起訴したが，弁護側が警察の速度などの鑑定
を不服としたため，裁判所鑑定として第三者の鑑定を求めたため，筆者を推薦した。裁判所
は筆者を鑑定人として指名したが，弁護側が反対し，裁判所鑑定そのものも否定したことか
ら，裁判は双方が新たに鑑定人を選定してそれぞれ鑑定書を提出して争うこととなった。そ
こで，検察は，筆者に鑑定を依頼したものであった。

３　筆者に依頼された鑑定項目

⑴　本件事故状況（横滑り状況，衝突状況等）の解析
⑵　本件行為時（横滑りを始めた時点，衝突時点）の被告人運転車両の走行速度
⑶　横滑り開始地点における限界旋回速度

4　鑑定結果

⑴　本件事故状況（横滑り状況，衝突状況等）の解析

　交通事故現場の道路は，国道で約5/100の下り勾配で左カーブ（$R = 105$）から直線になった場所である。衝突に至るまでの路面には，タイヤ痕が印象され，対向車線の擁壁との衝突直前の側溝に衝突痕が印象されていた。

　被告人車両は，急カーブの道路状況に対して高速度で左カーブを走行したために自動車の制御を失い，対向車線に飛び出し，側溝に前輪を脱輪させ擁壁に衝突したものと認められた。

　写真5は，図3のタイヤ痕タ⁹の筋模様を写したものである。この筋模様から，タイヤの向きを記載した。横滑り痕の筋模様の横筋の直角方向がタイヤの回転方向である。横滑り痕の印象方向が車体の移動方向を示すものである。図3のタイヤ痕タ¹の位置では，被告人車両の前輪タイヤは，右にハンドルが切られており，道路右の擁壁方向に向かっていることが分かる。

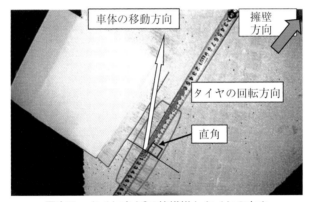

写真5　タイヤ痕タ⁹の筋模様とタイヤの向き

　写真6は，側溝直前の白ペイントに印象された左前輪のタイヤ痕位置を示す。これは，図3におけるタイヤ痕Aと車両の位置状況を示したものである。タイヤ痕Bが印象された地点は，被告人車両が対向車線の側溝の直前であり，擁壁方向に向いている状況である。

写真6　左前輪のタイヤ痕A

　写真7は，路面の白ペイントに印象された横滑りタイヤ痕を示す。車軸セットの車輪は，左前輪を表す。被告人車両の車体は，擁壁方向に流れ，タイヤは擁壁との衝突を避けるため左方向に切られていることが分かる。しかしながらタイヤは横滑りし，車体は右方向に流れ，側溝に右前輪が脱輪し，擁壁に衝突したと認められる。このことは，被告人車両がハンドル操作を行うも，自動車の制御が不能になっていたことを示している。

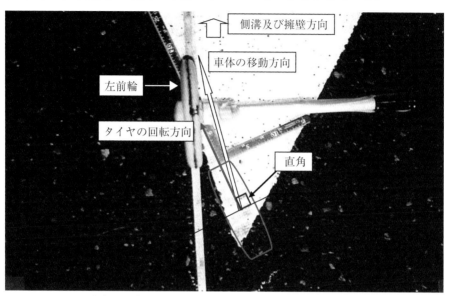

写真7　路面の白ペイントに印象された横滑りタイヤ痕

⑵　本件行為時（横滑りを始めた時点，衝突時点）の被告人運転車両の走行速度

　被告人車両の横滑り痕から，その曲率半径Rを求め，旋回時の速度を求めている。図3は，被告人車両の横滑り旋回時の曲率半径を求めた横滑り痕を示す。図面を用いて，タ¹からタ⁹を結んだ曲線の曲率半径を求めた結果は，

　　　$R = 95$m

と求められている。

　この数値の妥当性は，縮尺の図面から確認することができた。

　よって，被告人車両の横滑り痕の印象開始付近の旋回速度Vは，

　　　$V = \sqrt{\mu g R} = \sqrt{0.7 \times 9.8 \times 95} = 25.53$m/s（91.9km/h）

と求められた。この速度は，タ¹からタ⁹を結んだ曲線の中央部の速度であり，横滑り痕印象開始時の速度は，この速度より高い速度である。

　ここで，μは路面とタイヤ間の横滑り摩擦係数であるが，横滑り摩擦係数について公表されたデータはほとんどない。さらに，スタッドレスタイヤについての結果もほとんど公表されていないが，筆者が，実施・測定したデータによれば，横滑り摩擦係数が平均値で0.7であったので，これを採用した。

　写真8に示すように，被告人車両は，擁壁に衝突し横転したことにより，側面が大きく凹損している。本来，車体凹損によるエネルギー吸収量を求めるのであるが，バンパーの高さ

による凹損測定から求めることが原則である。被告人車両の凹損変形は，バンパー高さより上方の変形が激しいものであり，大きな速度で衝突したことは推察できるが，通常のエネルギー分布図から正確なエネルギー吸収量を求めることはできない。したがって，正確にエネルギー保存則を適用して衝突速度などを求めることはできない。

写真8　被告人車両の変形状況

　以上から，被告人車両の横滑り痕印象開始付近の走行速度は，少なくとも91.9km/hであると認められる。

⑶　横滑り開始地点における限界旋回速度

　図4は，事故現場直前のカーブである。一般的な方法として，カーブの限界旋回速度を求めるに当たって，道路センターラインを当該車両の中心部が走行する円弧の曲率半径から計算することとする。カーブの曲率半径rを図4から求めると，

　　$r = 105\text{m}$

と求められる。

　本件事故道路の左旋回の横断勾配は5/100（傾き θ は，$\theta = 2.86°$）である。スタッドレスタイヤの横滑り摩擦係数μは，$\mu=0.7$とする。

　限界旋回速度V_{CR}は，次式で与えられる。

$$V_{CR} = \sqrt{gr\frac{\mu+\tan\theta}{1-\mu\tan\theta}}$$

$$= \sqrt{9.8\times105\times\frac{0.7+\tan 2.86°}{1-0.7\times\tan 2.86°}}$$

$$= 28.3\text{m/s}（101.9\text{km/h}）$$

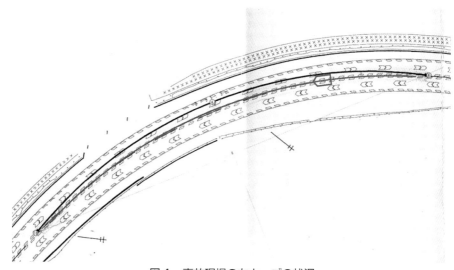

図4　事故現場の左カーブの状況

　この速度は，本件被告人車両が横滑り痕印象を開始した付近の理論的限界旋回速度である。スタッドレスタイヤの横滑り摩擦係数を0.7としたが，ドライバーがハンドル操作を誤らず最適に操作し，路面の摩擦係数も走行中一定で，路面に凹凸，塵や小石もなく，旋回中の荷重変動も無視した理想的条件で求めた限界旋回速度である。実際は，路面には凹凸があり，塵や小石がないことはありえず，路面上には注意を促す白ペイントなども塗布されている。したがって，通常は理論上の限界旋回速度で走行できることは考えられず，それより低い速度でも自動車の制御を失うものである。したがって，十分安全な指定最高速度以下で走行するべきである。

　通常，カーブを旋回している間は，ドライバーは常に微妙に当て舵を取っており，調整しながら運転するものである。十分安全な速度で走行している限り，危険な状況は起こりにくいものと言える。

5　裁判での問題点

　本事例では，裁判にあたっていくつか問題があった。第一は，裁判員裁判対象事件となる危険運転致死罪での立件が視野にあったにもかかわらず，録音・録画を行わなかったことから，誘導を受けて作成されたという弁護人の言い分を排斥できないとして，裁判所が被告人供述の信用性を否定したことである。被告人の供述の内容に不自然な言い回しや言葉遣いがみられ，警察・検察の誘導があったとうかがわれたものである。

　必ずしも，録音・録画がされていないことだけをもって信用性を否定したのではなく，また一般的に録音・録画が信用性の支えになると認めたものではなく，裁判所は，裁判員裁判の対象となり得る事案で録音・録画していないことが信用性を否定する根拠としたという点に留意が必要なのである。

　ただ，そのうえで，別の検察官が作成した調書の一部について内容は具体的かつ合理的と

して，危険運転致死罪は成立すると結論付けている。

　第二は，裁判の直前に，弁護側鑑定人の鑑定書が提出され，その内容は，本件事故がタイヤの故障によるものとして，被告人は無罪を主張したことである。

　警察も検察も当然，タイヤの故障による事故を想定していないし，そのような疑いを持つ痕跡も見当たらない。しかしながら，本件事故が，バーストによるものでないことを立証しなければならなくなった。

　筆者は，先に鑑定書を提出し，多数の現場及び車両の痕跡から，タイヤにバーストなどの故障はなく，高速度による車両の制御困難が事故の原因として結論付けていたものである。

　裁判の直前にカンファレンスが開かれ，裁判所は，双方の鑑定書を基に裁判員に対する説明要領を鑑定人に求めた。内容には，本来，裁判所鑑定で依頼されたであろう鑑定項目以外に，タイヤのバーストなどの説明項目が増やされたことである。

6　裁　判

　鑑定人には，検察官，弁護人，裁判員，裁判官からの尋問が行われた。弁護側鑑定人は，タイヤがバーストしたことにより，車両の制御が困難になり，事故が起きたと主張した。しかしながら，主張する根拠は乏しいものであった。実際にタイヤがバーストしていたのであれば，最初から被告人が主張できたはずである。また，タイヤがバーストしていた場合は，本件事故道路は，山間地のスラロームが続く道路であるから，ホイール痕やタイヤのリムはずれなどが起こるはずである。バーストについては，否定できた。

　また，図1及び図2に示したように，横滑り痕が白ペイントにしか認められていなかったため，これは，横滑り痕ではないと主張し，これを用いた速度鑑定は，不当であると主張した。しかしながら，相手が示した横滑り痕も横断歩道の上の白ペイントにしか印象されなかったもので，矛盾したものであった。よって裁判員からは，信用されなかった。

7　裁判所（裁判官及び裁判員）の判断

　検察の求刑が懲役12年に対し，裁判所は，懲役9年とした。判決内容において，被告人が事故前に高速度で湾曲走行することに興じていたとの供述調書は信用できないものの，本件カーブにおける被告人車両の速度は，危険運転致死罪にいう，「その進行を制御することが困難な高速度」に該当すると認めるのが相当であると判決した。

8　まとめ

　警察・検察は，限られた時間で手際よく捜査し，立証しなければならない。録音・録画も必要に応じて適切に行わなければ，裁判で認められないことが明確にされた判決であった。

　裁判において警察・検察の立証に対して，弁護側は，後出しで鑑定書を出してくるものである。弁護側の鑑定人の鑑定書は，非常に奇抜で証拠もなく，論理と想像だけで出されるものも多々見られるが，警察・検察は，丁寧にそれぞれの主張に対応して捜査し，犯罪の立証を行うことが重要である。

第8章

その他の事故

事例 8-1 ■ 危険運転として起訴した暴走運転行為

　本事件は，被告人が指定速度を相当程度超えた速度で普通乗用自動車を運転し，かつ車内で流していた音楽に合わせて急ハンドルを切ったことで車両がスピンし，歩道上を暴走するに至り，歩行者4名が死傷したものである。

　本事例の主たる争点は，①本件事故の発生機序がどのようなものであったか，そして，この点の解明を前提として，②主位的訴因に関わる被告人車両の進行速度が制御困難な高速度に該当するかどうかであった。

　子供2名を死亡させたほかに歩行者2名に重傷を負わせたもので，音楽に合わせて急ハンドルを操作して事故に至ったものであったので，検察は主たる訴因を危険運転致死傷罪として起訴した事件である。

事件の概要

　本事例で扱う事件は，被告人が，年末の午後10時頃，普通乗用自動車を運転して最高速度が50km/hに指定された道路を70km/hの速度を相当程度超えた速度で進行し，かつ，車内で流していた音楽のリズムに合わせて右に急ハンドルを切ったことによって，進行の自由を失い，ハンドルを左に切って立て直そうとしたにもかかわらず車両をスピンさせて歩道上に暴走させ，自車と衝突させて歩行者2名を死亡させ，ほかの2名に重傷を負わせたものである。

　被告人は，これまでも音楽のリズムに合わせて左右にハンドル操作して蛇行することが何度かあったことを同乗の友人が供述していることから，危険な運転行為を日常的にしていたことと，速度が速かったことから制御困難な状態であったと認め，危険運転致死傷罪を適用し起訴したものであった。

　図1は，交通事故現場見取図を示す。路面には，横滑り痕が印象されていた。

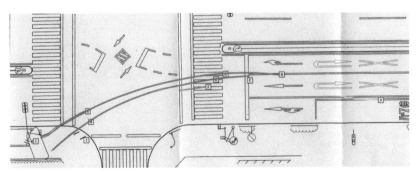

図1　交通事故現場見取図

　図2は，被告人車両が制御を失って左の歩道方向に横滑りした車両挙動を示す。路面には，横滑り痕が印象されており，衝突までの車両挙動を明らかにすることができた。

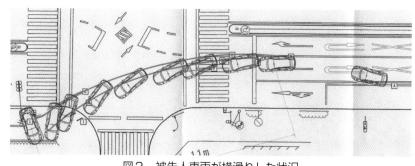

図2　被告人車両が横滑りした状況

1　警察の対応

　警察は，被告人車両の走行状態を明らかにするため，路面痕跡を的確に捜査した。また，走行速度及び衝突速度を鑑定するため，車両の凹損状態を測定し，衝突による車体エネルギー吸収量を算出し，エネルギー保存則から衝突速度を計算した。電柱，信号柱及び側壁への衝突速度は，約50km/hと求められた。図1に示した横滑り開始時の速度は，警察の速度鑑定では，95km/hであった。

　走行速度については，被告人車両が事故現場に達する前に通過した防犯カメラの画像解析を行い，事故現場に達する付近での速度は，77.4km/hと鑑定された。

　また，横滑りするまでの被告人車両の走行状況を，目撃者立会いの実況見分を行い明らかにしている。目撃者は，被告人車両が左右にハンドル操作していわゆるスラローム走行状態であったと供述した。

2　検察の対応

　検察は，本事件に対して，当初から危険運転致死傷罪を適用できないか検討してきたところであるが，道路が直線道路であったことから，危険運転致死傷罪を本件に適用することは困難であると考えていた。

　検察は，警察の導き出した速度鑑定について，筆者に鑑定結果の確認と再鑑定を依頼した。それは，衝突直前の横滑り痕印象開始地点の速度が95km/hと鑑定されていることと，その直前付近の防犯カメラによる速度鑑定が77.4km/hと鑑定されていることとの整合性を図ることが目的であった。

　検察は，危険運転致死傷罪の適用の可否を視野に，筆者に速度鑑定と被告人の運転操作状況の解明を依頼したものである。筆者は，被告人がある程度高速で走行していたことを踏まえて，ハンドルを故意に大きく切ったことにより車両をスピンさせて，走行の制御が困難な状態を作ったことを重視し，危険運転致死傷罪が成立するか否かの検討材料を提供することとした。

3 鑑定項目

検察からの鑑定項目は，以下のような内容であった。

(1) 被告人車両の電柱，信号柱及び側壁への衝突速度

(2) 横滑り痕印象開始時の走行速度

(3) 本件事故直前の被告人運転車両の挙動

(4) 被告人の車両挙動から導かれる被告人運転操作の状況

4 鑑定内容

⑴ 被告人車両の電柱，信号柱及び側壁への衝突速度

被告人車両の電柱などに衝突した際の速度は，警察が鑑定した速度とほぼ同一の速度であった。

⑵ 横滑り痕印象開始時の走行速度

横滑り痕印象開始時の被告人車両の走行速度は，73.4km/hと鑑定した。鑑定手法は，横滑り痕印象によりエネルギーが消費したことを前提にエネルギー保存則を用いて導き出したものである。

さらに，図1の右下付近のA地点のタイヤ痕印象開始地点における速度を求めた。この痕跡は，被告人のハンドル操作によって印象されたと推定され，左前輪によって印象されたものと認められた。そのタイヤ痕の長さは，4.85mである。摩擦によって失われたエネルギーから，印象開始地点の速度は，75.2km/hと算出された。

⑶ 本件事故直前の被告人運転車両の挙動

警察の捜査で被告人車両の異常な運転行動が目撃されていた。被告人の衝突直前の運転状況は，第1車線から第2車線に車線変更を行い，その後，再び短い距離の間に第1車線に入り，すぐに第2車線に車線を変更するといった蛇行走行状況で，いわゆるスラローム走行していると認められた。この運転行動は，短距離のうちに繰り返し行っていたので，通常の車線変更とは言えず，異常で危険な運転行動であると認められた。

被告人車両のスラローム中の走行速度は，約70〜80km/hと認められ，そのような高速度で23mあるいは，37.lmという短い距離で繰り返し車線を変更したものであったので，被告人車両は，車線変更を必要としない状況において，故意に第1・第2車線間を高速度で，短距離の間に繰り返し車線を変更した異常で，危険な運転を行ったと認められた。

⑷ 被告人の車両挙動から導かれる被告人運転操作の状況

自動車及びタイヤの走行安全性については，自動車メーカー，タイヤメーカー及びさまざまな研究機関において，試験を行って確認されている。被告人の運転操作が自動車やタイヤの試験に鑑みてどのような運転操作状況であったのかを検討した。蛇行走行（スラローム走行）の限界状態の例を以下に示す。

　自動車試験法によるスラローム走行試験について述べる。スラローム走行試験は，自動車規格（JASO C706-87）に規定されている。この試験は，等間隔に並べられたパイロンを一定車速で通過したときの各特性値を測定して，車両の運動性能を調べるものである。さらに，このコースを最短時間で通過し，限界通過速度を測定し，その限界通過速度から車（あるいはタイヤ）の限界性能を評価している。

　計測項目はハンドル角，操舵力（操舵トルク），ヨーレイト，ロール角，横向き加速度，車速，通過時間などである。JASOでは，パイロンの間隔（標識間隔）は，乗用車の場合30m，通過基準速度は65km/hとしている。

　測定項目の用語について以下に示す。
○ハンドル角：パイロンを通過するのに回転させたハンドルの角
○操舵力（操舵トルク）：ハンドルを回転させたときの力（トルク）
○横向き加速度：旋回時に車体に発生する横方向の加速度（**図3**参照）
○ロール角：旋回時の車体の回転運動の角度（**図3**参照）

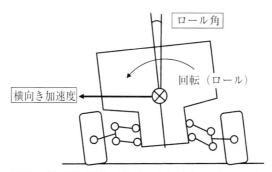

図3　旋回時に発生する横向き加速度及びロール角

　筆者は本件事故における被告人の走行速度に対して，その蛇行走行（スラローム走行）状態がどのような走行であったか過去の試験を参考に説明した。

　筆者が実際に行ったスラローム走行試験について以下に示す。

　試験は，車両—タイヤ系の限界性を評価するために，決められたコースにおいてスラローム走行を行い，可能な最大通過車速（最小通過時間）を測定したものである。当然，短い時間で通過（速い速度で通過）できたものが優れた性能であるとするものである。試験に用いたスラローム走行試験コースを**図4**に示す。

図4　スラローム走行試験コース

　パイロン間隔を25mとしたのは，タイヤの限界性能の差異を明確にするため，厳しい条件としたものである。本件被告人の走行状況は，70〜80km/hの速度で，23m〜37.lmの間隔で蛇行走行（スラローム走行）している。

　試験車両は，トヨタクラウン（前軸重1,041.5kg，後軸重915.0kg）である。試験タイヤは，空気圧がいずれも200kPaで，扁平比が60％タイヤ（3種類）及び65％タイヤ（3種類）の合計6種類を試験した。

　図5及び図6に，扁平比が60％タイヤ（3種類）及び65％タイヤ（3種類）のコーナリング特性の測定例を示す。この図で示されるように，タイヤの横滑り限界は，スリップ角で8〜10°であることが分かる。重要なのは，通常タイヤは，8〜10°でコーナリングフォースが飽和し，接地面全部が横滑りするということである。

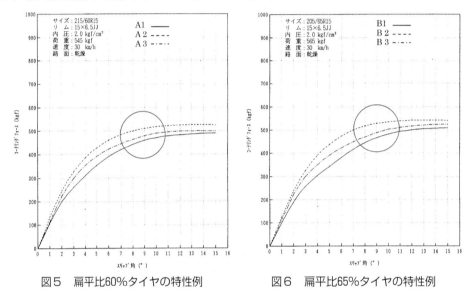

図5　扁平比60％タイヤの特性例　　　　　図6　扁平比65％タイヤの特性例

　タイヤのスリップ角とコーナリングフォースの関係は，図7のようになる。

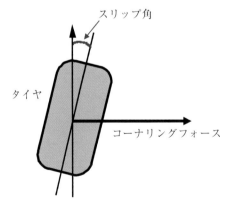

図7　スリップ角とコーナリングフォースの関係

　試験結果の例を表1及び表2に示す。表1は扁平比が60％の試験結果で，表2は扁平比が

65％の試験結果である。この結果は，試験コースをできるだけ速く通過するための最高速度を競ったものである。これ以上の高い速度では，車両が横滑りしスピン状態になるので，立て直すために速度が低下する。よって，最高速度が車両─タイヤ系の限界速度となる。ただし，この試験のドライバーは，訓練された熟練のドライバーである。ここで，表に記載している横滑り角とは，進行方向に対する車体の傾きで，タイヤの横滑り角ではない。

　試験の結果，この試験条件において通過できる最大速度は，71km/h，ハンドル角の最大値は，147.9°となっている。これ以上のハンドル角では，車体が横滑りし，速い速度で通過できなかったということである。

表1　扁平比が60％の試験結果例

『60シリーズ』　《MAX km/h》

		ave km/h	ハンドル角 (°)	操舵力 (kgf)	横加速度 (G)	ヨーレイト (°/S)	ロール角 (°)	横すべり角 (°)
A1	1	67	129.9	2.8	0.70	26.2	5.3	7.8
	2	68	121.5	2.7	0.66	24.2	5.1	6.8
	3	67	141.4	3.2	0.74	27.5	5.5	8.6
	4	67	132.1	2.8	0.70	25.8	5.2	7.5
	5	67	137.1	2.8	0.71	26.1	5.3	8.0
A2	1	68	129.4	3.0	0.73	26.0	5.5	7.7
	2	68	117.4	2.9	0.68	22.6	5.1	6.5
	3	71	124.8	2.9	0.72	25.5	5.3	7.1
	4	70	123.1	2.6	0.72	25.1	5.3	7.7
	5	68	126.5	2.9	0.70	25.1	5.3	7.1
A3	1	66	119.8	2.6	0.68	23.6	4.9	7.0
	2	68	130.1	3.0	0.68	24.3	5.0	6.9
	3	68	130.1	2.9	0.68	24.6	5.0	6.8
	4	68	131.5	3.0	0.69	24.6	5.1	7.3
	5	67	133.2	3.2	0.70	25.2	5.2	7.7
	6	68	136.6	2.9	0.70	26.4	5.3	7.8

表2　扁平比が65％の試験結果例

『65シリーズ』　《MAX km/h》

		ave km/h	ハンドル角 (°)	操舵力 (kgf)	横加速度 (G)	ヨーレイト (°/S)	ロール角 (°)	横すべり角 (°)
B1	1	66	135.8	2.7	0.69	25.5	5.3	8.5
	2	65	147.9	2.9	0.71	28.0	5.4	9.3
	3	66	123.3	2.7	0.65	24.5	5.1	7.3
	4	66	133.9	3.0	0.67	26.1	5.2	8.0
	5	66	138.4	3.0	0.70	26.6	5.3	8.9
B2	1	67	127.8	2.6	0.71	25.2	5.2	8.0
	2	65	139.6	3.3	0.71	26.6	5.4	7.9
	3	68	124.8	2.8	0.68	23.7	5.2	7.1
	4	68	126.5	2.8	0.69	24.3	5.3	7.2
	5	67	142.3	3.2	0.73	26.9	5.5	8.3
	6	67	126.3	2.7	0.69	23.8	5.1	7.2
B3	1	66	127.6	2.7	0.69	24.6	5.0	7.7
	2	67	120.9	2.7	0.66	23.5	4.9	7.0
	3	68	116.8	2.6	0.65	22.7	4.9	6.6
	4	67	129.9	3.0	0.68	25.1	5.0	7.4
	5	68	123.4	2.8	0.68	24.5	5.0	7.5

走行試験では，最後のパイロンを通過するときハンドル角，横滑り角，横滑り加速度など
が次第に大きくなっていき限界にギリギリの走行となった。ただし，試験結果は，スピンし
た結果を除いて通過できた速度を採用している。この結果は，ハンドル角を180°付近まで
切った場合は，車両の運動を立て直すことができずスピン状態になり，パイロンを全て通過
することができないことを意味する。

ハンドル角とタイヤの向きであるスリップ角の関係は，おおよそ20：1のギヤ比で構成さ
れている。つまりハンドルを右に90°切った場合，タイヤは，右に4.5°向くことになる。タ
イヤの横滑り限界は，約8〜10°であるから，ハンドルを160〜200°まで切った場合にタイヤ
は，完全横滑りとなる。完全横滑り状態になると，路面にはタイヤの横滑り痕が印象され，
車両の運動をコントロールすることは困難になる。このように，高速走行して極端なハンド
ル操作で蛇行（スラローム）走行すると，車両の運動を制御できなくなる。

本件被告人車両の走行速度は70〜80km/hであったと認められており，走行状態も目撃者
から明らかなように，短距離間において左右にスラローム走行していたのであるから，限界
状態で車両の運動を制御できない状態になったと認められた。

被告人車両は，高速度でA地点において，大きくハンドルを右に切って，路面にタイヤ痕
を印象させ，あまりに大きなハンドル角であったことから車両が制御を失い，車両が急激に
センターライン方向に向かったため，被告人は再び左にハンドルを大きく転把させるしかな
くなり，横滑りしながら交差点左側の信号柱に向かい被害者と衝突した。

写真1は，A地点における被告人車両が印象させたタイヤ痕を撮影したものである。この
地点に制動したタイヤ痕ではなく，横滑り開始の細いタイヤ痕であると認められるから，被
告人はハンドルを大きく左に切って横滑りを開始し，被告人のハンドル操作状態は，約180°
であったと推定された。

写真1　A地点における被告人車両のタイヤ痕

前述したスラローム試験結果のように，速度が70km/hを超える速度でハンドル角を約
180°切ってスラロームしたとすると限界走行状態であり，車両の運動を制御できないスピン

状態になる。被告人車両の向きが時計回りに大きく回転し，センターライン方向に大きく向いて制御を失い，その後も立て直せなかったことを考えると，ハンドルを約180°も切ったことによって車両の制御を失ったと考えることが妥当であると考えられた。

5　裁判所の判断

　危険運転致死傷被告事件ではあるが，検察は自動車運転過失致死傷罪を予備的訴因として起訴した。裁判所の判決は，被告人を危険運転致死傷罪には当たらず自動車運転過失致死傷罪として懲役7年とした。その理由として，被告人車両の進行速度は，70km/hを相当程度超えるものであったが，現場道路は直線道路で見通しはよく，蛇行走行したという目撃者の供述が信用できず，蛇行走行は認められないことから，被告人車両は運転者の意思によっては的確に進行を制御することが困難な高速走行状態に陥ったとはいえない。換言すれば，本件事故の直接的なあるいは主要な原因は，車内で流していた音楽のリズムに合わせて右に急ハンドルを切るという被告人の不適切なハンドル操作に求められるべきであり，進行速度が速すぎたがために生じた事故とは評価できず，被告人車両の進行速度が制御困難な高速度に該当するとは認められないというものであった。

6　まとめ

　被告人車両が横滑りを開始した地点では，車両が中央分離帯方向に向いた状態となったため，左にハンドル操作して横滑りを開始したのである。直線走行していた被告人車両が音楽のリズムに合わせて右に大きくハンドル操作したことを裁判所は認めたのであるから，タイヤ痕Ａが印象されることは容易に予想されるものではないか。

　直線道路でも制限速度を20km/h以上超過して事故を起こした被告人車両に対して，制御困難な高速度ではないと判断しているが，実験でも示したように，このような速度で，急なハンドル操作をしたとしたら制御困難な状況になるのであって，危険な状態である。現実に，被告人車両はスピンして立て直せなかったのであるから，危険な高速度でハンドル操作したと考えるべきではないのか。

　裁判所は，被告人車両が不適切な急ハンドルを切ったことが事故の主たる要因であるとしたが，低速度で走行中に急ハンドルを切ったとしても，事故は起こらないのであって，それ相当の高速度であったところ急ハンドル操作したのであるから，危険運転としての要件を備えていると考えられないのか。被告人車両は故意にハンドル操作して横滑り痕を印象させてスピンしたことは，自ら限界旋回速度を作って走行したものであり，いわゆる危険運転と判断されるのではないのか。

　このように，因果関係や法律構成についてもいろいろ疑問が頭を駆け巡る事件であった。

事例 8-2 原判決破棄差戻し事案
—凍結路面で事故回避可能か不可能かが争われた事案—

本事例は，第1審において禁錮1年2月　執行猶予3年の判決となったが，弁護人が控訴し，原判決破棄差戻し（審理不尽）となった事案について述べる。

事件の概要

　本事例は，冬のある日被告人が午後3時過ぎに，普通貨物自動車を運転し，トンネル内道路を進行していたところ，進路前方でスリップ事故のため，それぞれ停止していた車両2台の間を通って進行してきた中型貨物自動車（H車）が対向車線に一時停止しているのを認め，急制動等の措置を講じたが間に合わず，同車右前部に自車右前部を衝突させ（第一衝突地点），その衝撃により自車を道路左側端に逸走させ，スリップ事故の対応のため，道路左側端のトンネル内歩道で佇立していた2名に，自車前部を衝突させて両名を転倒させ，車台下に巻き込んで強圧し，死亡させたものである。

　図1は，衝突事故の現場見取図である。写真1は，トンネルの入り口を示し，写真2は，被告人の進路から見た事故現場の車両の停止の見通し状況である。

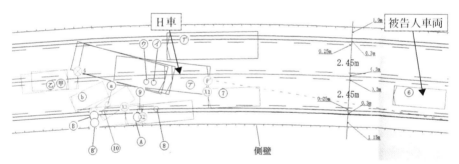

図1　交通事故現場見取図

写真1　トンネルの入り口

写真2　被告人車両からの事故現場の見通し状況

1　第1審における主な争点

⑴　本件トンネルの凍結予見可能性について

⑵　トンネル内での被告人運転車両の速度

⑶　衝突回避可能速度及び減速義務違反の程度等

2　第1審の判決内容

⑴　凍結予見可能性について

　本件トンネル内の凍結は予見可能であった。

⑵　トンネル内の被告人運転車両の速度及び減速義務違反の程度

　H車発見可能地点は，衝突地点から約69.5m手前であり，34.6km/hであれば，弁護人請求の民間鑑定人によっても，ブレーキペダルを踏み続ければ停止できると認められる。

　もっとも，本件事故現場が左カーブになっていることや凍結路面を走行していることからすれば，ブレーキペダルを69.5mにわたって踏み続けるというのは現実的な想定ではなく，実際に69.5m先のH車との衝突を避けるためには同速度を下回る走行速度で走行する必要があり，かかる速度を超えていた場合は，減速義務に違反していたといえる。

　弁護人請求の民間鑑定（トンネル進入時の被告人車両速度は約38km/hないし42.2km/h）と離齬しない被告人供述から，被告人がトンネルに進入した速度は，約40km/hであり，かかる速度は約34.6km/hを超えていたため，衝突を回避する措置を講じ得る速度で進行すべき義務を果たさなかったといえる（検察側の鑑定を否定し，民間鑑定を採用した上での認定）。

3　控訴審での弁護人の追加主張

　弁護人は，「ABSは，路面の摩擦係数が0.4〜0.6程度，すなわちタイヤが路面をスリップする範囲内では効果を発揮する装置であり，路面が凍結して摩擦係数が0.3以下になるとABSは解除されて普通のブレーキ制動に戻ってしまうことから，本件の場合，ブレーキを踏み続

けると（左カーブなので）タイヤがロックされて直進走行する」との主張を追加で行い，衝突回避可能速度の算出方法について争い，追加の証書を請求した。これは，裁判所で却下され証拠として取り調べられていない。

4　控訴審の判決の要旨

⑴　判決結果

原判決を破棄する。本件を地裁に差し戻す。

⑵　判決理由の要旨

ア　弁護人の控訴趣意に対する判断

弁護人の各主張については，論旨には理由がないとして全て排斥した。

イ　職権判断

原判決が，衝突回避可能速度について衝突地点手前69.5mの地点で「時速34.6kmを下回る速度である必要があるが，具体的な速度を算定することは難しい」と判示して具体的な速度を認定していないことについて，控訴審判決は，原判決の補足説明の内容から「原判決は衝突回避可能速度について時速34.6kmから27kmの間で，どちらかといえば，時速27kmに近い速度を念頭に置いているものと考えられる。」と推測し，原判決は「被告人に対し，トンネル進入時に時速約27kmまでの減速義務を課すことは相当ではなく，他方時速30kmまでの減速義務を認めることは可能である」とし，衝突回避可能速度が時速30kmを上回るか下回るかにより有罪・無罪が左右される旨判示した。

そして，①衝突回避可能速度は，本件路面を時速30km前後の低速度で通常どおりに前方を注視している状態で走行することを前提に算定すべきところ，原審記録では，被告人がトンネル内のどの地点から停止を余儀なくさせるH車の発見が可能であったのかが明らかでなく，②H車の発見可能地点，現場が左カーブの凍結路面であること，基準行為の運転者が上記低速度で走行すること，滑走の可能性といった諸事情を前提として，衝突回避可能速度を検討するに当たり，本件において運転者に対しどのような運転措置を適切な行為として要求できるのかが明らかでない旨判示し，職権判断として，衝突回避可能速度が時速34.6kmを下回るとしただけで，どこまで下回るのかについて判断を避けたまま有罪の結論を導いた原判決には審理不尽があり，この訴訟手続の法令違反判決に影響を及ぼすことは明らかであるから，破棄を免れないとした。

5　警察の対応

警察は，控訴審判決後に再度見通し見分を行い，第1審が認定している69.5m手前よりもさらに手前の97.8m手前でH車の発見が可能であることを明らかにした。

6　検察の対応

検察は，筆者に以下の鑑定意見を依頼した。

①第一衝突地点から手前（東側）78.6m地点（以下「78.6m地点」という。）が衝突回避可能地点であるとすると，同地点における第 1 衝突回避可能速度

②①で明らかになった速度で東側から西側に向かって走行した場合，対向車線にはみ出さざるを得なくなる状況の有無

なお，78.6m地点から第 1 衝突地点までの曲率半径は，283mである。

③スタッドレスタイヤ及びABS装置を装備していた被告人運転車両が，下り勾配2.2%，摩擦係数0.09の凍結した路面上を約40km/hで走行し，78.6m地点において，制動措置を講じて第 1 衝突を回避するには，どのような制動行為（例えば，シフトダウンによるエンジンブレーキ，運転者によるポンピングブレーキ等）を執ることが適切か

④78.6m地点においてブレーキペダルを踏み続けた場合，路面の摩擦係数が0.09と低いことから（製品欠陥等の特殊な事情がある場合を除く。），ABSが作動しないことがあり得るか。あるとしたらどのような場合か

7　鑑定結果

①第 1 衝突地点から手前（東側）78.6m地点が衝突回避可能地点であるとすると，同地点における第 1 衝突回避可能速度

以下の 2 通りの計算によって第 1 衝突回避可能速度を求める。ただし，タイヤと路面の摩擦係数を$\mu=0.09$とし，下り勾配を2.2%とする。

ア　78.6m地点で制動が効いていると考えた場合

制動距離をL，第 1 衝突回避可能速度をVとすると，Vは次式のように求められる。ただし，gは重力加速度（9.8m/s^2）である。

$$V = \sqrt{2\mu g L} = \sqrt{2\times(0.09-0.022)\times9.8\times78.6}$$
$$= 10.2\mathrm{m/s}\ (36.7\mathrm{km/h}) \cdots\cdots\cdots\cdots\cdots 式(1)$$

イ　78.6m地点で制動操作を開始したと考えた場合

空走時間を$t=0.75$秒とする。制動停止距離Sと速度Vの関係は次式で与えられる。

$$S = Vt+\frac{V^2}{2\mu g} \cdots\cdots\cdots\cdots\cdots\cdots\cdots\cdots\cdots\cdots 式(2)$$

上式をVについて整理すると次式となる。

$$V^2+2\mu g t V-2\mu g S = 0 \cdots\cdots\cdots\cdots\cdots\cdots 式(3)$$

この式は，Vについての 2 次方程式であるから，解の公式により次式のようにVが求められる。

$$V = -\mu g t+\sqrt{(\mu g t)^2+2\mu g S}$$
$$= -0.068\times9.8\times0.75+\sqrt{(0.068\times9.8\times0.75)^2+2\times0.068\times9.8\times78.6}$$
$$= 9.75\mathrm{m/s}\ (35.1\mathrm{km/h}) \cdots\cdots\cdots\cdots\cdots 式(4)$$

②①で明らかになった速度で東側から西側に向かって走行した場合，対向車線にはみ出さざるを得なくなる状況の有無

なお，78.6m地点から第1衝突地点までの曲率半径は283mである。

道路の曲率半径をrとすると限界旋回速度V_{CR}は，次式で与えられる。

$$V_{CR} = \sqrt{\mu g r}$$ ・・・式(5)

対向車線にはみ出さざるを得ない状況とは，限界旋回速度を超えるということであるから，式(5)から，限界旋回速度を求めると，次式となる。

$$V_{CR} = \sqrt{0.068 \times 9.8 \times 283} = 13.7 \text{m/s}（49.3\text{km/h}）$$ ・・・・・・・・・・・・・・・・・・・・・・・・・・式(6)

ア　78.6m地点で制動が効いていると考えた場合

この時の速度は，$V=10.2$m/sであるから，限界旋回速度を超えないため，対向車線にはみ出すことはない。

イ　78.6m地点で制動操作を開始したと考えた場合

この時の速度は，$V=9.75$m/sであるから，限界旋回速度を超えないため，対向車線にはみ出すことはない。

③スタッドレスタイヤ及びABS装置を装備していた被告人運転車両が，下り勾配2.2%，摩擦係数0.09の凍結した路面上を約40km/hで走行し，78.6m地点において，制動措置を講じて第1衝突を回避するには，どのような制動行為（例えば，シフトダウンによるエンジンブレーキ，運転者によるポンピングブレーキ等）を執ることが適切か

緊急を要する状況で衝突を回避するためには，ABS装置を装備した車両の場合，ブレーキを踏み続けることが最も適切な措置である。衝突に対して時間的な余裕がある場合は，シフトダウンしエンジンブレーキを利用するなども有効な措置である。ABS装置を装備した車両では，ポンピングは特に用いる必要はない。

ABS装置を装備した車両では，ハンドル操作で事故回避が可能であることから，急制動しながら，衝突直前にハンドル操作で衝突を避けることが適切な操作である。

④78.6m地点においてブレーキペダルを踏み続けた場合，路面の摩擦係数が0.09と低いことから（製品欠陥等の特殊な事情がある場合を除く。），ABSが作動しないことがあり得るか。あるとしたらどのような場合か

【ABS（アンチロックブレーキシステム）とは】

走行中に急ブレーキをかけたとき，車輪がロックしてハンドルが効かなくなったり，車体が横滑りを起こしたりすることがある。このような状態が湿潤路面や雪氷路面などの滑りやすい低μ路面で起こることは，非常に危険である。免許を取得する場合の教本では，ポンピングブレーキを用いることを勧めているが，熟練のドライバーではない一般のドライバーでは十分な操作はできない。ABSは，このような危険な現象を防ぐために，ドライバーの熟練度にかかわらず路面の状況に応じて最適な制動力の制御を自動的に行う装置である。

したがって，ABSは，急制動時や滑りやすい路面での制動時にタイヤがロックするのを防ぎながら，車両安定性や操縦性を確保することを目的としたブレーキ制御システムである。

一般社団法人日本自動車タイヤ協会では，広報用に「セーフティ・ドライブ・スタッドレ

ス」というビデオ映像を公開し，冬季の安全運転を喚起している。このビデオでは，摩擦係数が極端に低い雪氷路面で，ABS装置装着車の制動試験を実施しており，その中で，タイヤがロックしないように制御し，車体の安定性，操縦性を制御することがABS装置であると走行実験して，ビデオに示している。

　筆者も北海道士別市に所在する寒冷地研究会試験コースにおいて，20年以上，ABS車の制動性能，登坂性能，旋回性能の試験を多種のABS車で実施しているが，雪氷路面（摩擦係数が0.3以下）において，ABSが解除され普通のブレーキになったことはただの一度もない。

8　弁護側の民間鑑定人による走行試験補充書

　差戻し審において，弁護側は，さらなる走行試験を実施し，鑑定書を提出した。それによると，駐車場にビニールシートを敷き，その上に油を注ぎタイヤと路面間の摩擦係数を低くして制動実験等を行ったものであった。民間鑑定人は，油を注いだビニールシート上で車両を置き，車体を横方向に静的に牽引して摩擦力を測定し，氷盤路面と同様に摩擦係数0.1〜0.2となったとした。また，タイヤ1輪を外し，それをビニールシート上で引っ張り，ばね秤で力を測定して摩擦係数とし，同様の結果であったと主張した。

　ビニールシート上で走行実験を行った結果，

　①急制動したらABSが作動した。

　②25km/hを超える速度で，ABSが作動しているときに急ハンドル（90°ないし120°）を切ったら曲がらずに真っすぐ走った。

したがって，事故回避できないと主張した。

　裁判の最初は，氷の上ではABSは，作動せず普通のブレーキになると主張していたが，主張は変更された。

9　差戻し審での証人尋問

　裁判では，筆者と民間鑑定人の証人尋問が行われた。

【民間鑑定人に対する検察側の質問】

⑴本件は，走行中のブレーキであるから，静止摩擦係数ではなく動摩擦係数を測定すべきではないかという質問に対し，民間鑑定人は，民間鑑定人の経験からタイヤの静止摩擦係数も動摩擦係数も同程度であると答えた。しかしながら，一般論では，静止摩擦係数は，動摩擦係数より数倍から10倍程度大きいものである。

⑵タイヤ1輪で摩擦係数を測定しているが，自重だけで車体荷重がかかっていないから接地面積が異なり本来の数値が得られないのではないか？という質問には，民間鑑定人は回答できなかった。

10 差戻し審の判決の要旨

　被告人を禁錮1年2月に処する。

⑴　予見可能性について

　①被告人は，本件事故現場が山間部にあり，本件事故当事，本件トンネルに至る国道の両側には雪が残ったままでの状態だったこと及び本件事故現場付近は，本件事故当日午後3時頃から降雪が始まり，気温も下がってきていたことを認識していたこと，②本件事故当時，本件トンネルの外の路面は凍結していなかったが，トンネルは日陰となることから，日が差す外よりも気温が低くなりがちであり，湿潤した路面も乾きにくいことは経験則上明らかであること，③トンネル内においても，通行する車両の車体やタイヤに付着した雪や水滴が落ちたりしてトンネル内の路面を湿潤させることがあり得ることも経験則上明らかであることなど，本件トンネル内の路面凍結についての予見性があったと認められる。

⑵　結果回避可能性について

　警察の見通し状況等の再現の正確性は高く，被告人は，衝突地点手前約78.6m地点において，停止車両であるH車を発見することができたと認められる。

⑶　講じるべき減速措置と空走時間について

　被告人は，本件トンネル進入時には，停止車両のハザードランプを認識することができたのであり，同ランプを認識すれば，本件トンネル内で何らかの注意を要すべきであると判断することはできたのであり，対向車線にはみ出している車両を認識したとすれば，直ちに危険を察知して制動措置を講じることが可能であり，空走時間は0.75秒とするのが相当である。よって，検察側鑑定人の供述のとおり，被告人車両が搭載しているABS装置を作動させるような急制動すれば，安全に衝突を回避できたといえる。

　これに対して，弁護人は，走行試験報告書において，ABSが作動しているときハンドルを切っても進行方向の変化は生じず，対向車線にはみ出すおそれが高かったのであるから，ポンピングブレーキやギヤシフトダウンによるエンジンブレーキなどの制動操作が適切だったと主張するが，前記走行試験は，本件トンネル路面であるアスファルトではなくビニールシート上に，水に比して粘性の高い油を用いて低摩擦路面を再現して行われたものであり，事故現場の路面とは相当異なるものであったと認められること，1輪で摩擦係数を測定した方法も受け入れがたいものであること，さらに，走行実験でハンドルを90°ないし120°で素早く切る急ハンドル操作したものであり，本件トンネルの湾曲からすればこのようなハンドル操作を必要としないことから，弁護人の主張は採用できない。

⑷　結果回避可能速度について

　結果回避可能速度は，検察側鑑定の35.1km/hであると認められる。

11　まとめ

　本事例は，第1審における審理不尽として差し戻された事案であるが，第1審において検

察側の鑑定書が不採用であったことも問題にされたと考えられる。裁判に臨むに際して，十分な捜査と鑑定が求められている。

著者紹介
山崎　俊一
やまざき　しゅんいち

〔略歴〕

1976年4月　　㈶日本自動車研究所（JARI）に入所
　　　　　　　タイヤの力学，タイヤ痕からの交通事故解析，自動車事故解析（自動車，二輪車，
　　　　　　　歩行者事故）などに従事
1988年3月　　タイヤの構造力学的研究にて博士学位を取得
2006年5月　　自動車技術会フェロー会員認定
2008年3月　　㈶日本自動車研究所退職
2008年4月　　㈱知能自動車研究所設立　代表取締役

〔活動〕

1982年4月～現在　　　　　警察学校及び警察大学校講師（交通事故事件捜査教養講座）
2002年4月～2008年3月　　金沢大学大学院自然科学研究科教授（客員）
2008年4月～現在　　　　　金沢大学大学院自然科学研究科外部講師

事例から学ぶ　交通事故事件〈第2集〉

令和2年6月25日　初版発行

　著　者　山　崎　俊　一
　発行者　星　沢　卓　也
　発行所　東京法令出版株式会社

112-0002　東京都文京区小石川5丁目17番3号　　03(5803)3304
534-0024　大阪市都島区東野田町1丁目17番12号　06(6355)5226
062-0902　札幌市豊平区豊平2条5丁目1番27号　　011(822)8811
980-0012　仙台市青葉区錦町1丁目1番10号　　　022(216)5871
460-0003　名古屋市中区錦1丁目6番34号　　　052(218)5552
730-0005　広島市中区西白島町11番9号　　　082(212)0888
810-0011　福岡市中央区高砂2丁目13番22号　　092(533)1588
380-8688　長野市南千歳町1005番地
　　　　　〔営業〕TEL 026(224)5411　FAX 026(224)5419
　　　　　〔編集〕TEL 026(224)5412　FAX 026(224)5439
　　　　　https://www.tokyo-horei.co.jp/

ISBN978-4-8090-1413-0